Luciano De Crescenzo

Alles fließt, sagt Heraklit

Aus dem Italienischen
von Linde Birk

W0243112

Ex Libris

Albrecht Knaus

Die italienische Originalausgabe erschien
1994 unter dem Titel «Panta rei» bei
Arnoldo Mondadori, Milano

Umwelthinweis:
Dieses Buch und sein Schutzumschlag wurden auf chlorfrei gebleichtem Papier gedruckt. Die vor Verschmutzung schützende Einschrumpffolie ist aus umweltschonender und recyclingfähiger PE-Folie.

Der Albrecht Knaus Verlag
ist ein Unternehmen der Verlagsgruppe Bertelsmann

1. Auflage
© Luciano De Crescenzo 1994
First published by
Arnoldo Mondadori Editore, Milano, 1994
© der deutschsprachigen Ausgabe bei
Albrecht Knaus Verlag GmbH, Berlin 1995
Gesetzt aus Korpus Century Expanded
Satz: Filmsatz Schröter, München
Schutzumschlag von Venus & Klein, Berlin
Druck und Bindung: Graph. Großbetrieb
Pößneck GmbH · Printed in Germany
ISBN 3-8135-2709-3

Inhalt

I

Zeit

Ich betrachte ein Foto von mir als Sechzehnjähriger und eines von heute. Du liebe Zeit, habe ich mich verändert! Wann ist das bloß geschehen? Nachts? Im Schlaf vielleicht? Und warum habe ich es dann am nächsten Morgen nicht bemerkt? Doch wohl nur deshalb, weil wir uns stetig Zelle für Zelle im Zeitlupentempo verändern, so wie sich die Zeiger einer Uhr auch dann bewegen, wenn keiner hinsieht. *Panta rhei*, sagte Heraklit, alles fließt, und so geht auch das Leben vorbei, ohne daß man es aufhalten kann. Stimmen und Bilder aus der Vergangenheit tauchen auf, schieben sich übereinander, vermischen sich, einige drängeln sich vor, aus Angst, endgültig in der Versenkung zu verschwinden. Nur ein bißchen Geduld bitte, es kommen ja alle an die Reihe.

Eiapopeia. Rosa, die Amme aus Frosinone. Es waren einmal ein Prinz und eine Prinzessin. Herzlichen Glückwunsch zum Geburtstag. De Crescenzo? Hier! Erster Unabhängigkeitskrieg. Wann ist Cavour geboren? Weiß nicht. Er ist intelligent, aber es fehlt der Fleiß. Salgari, Verne, Wodehouse, Flash Gordon, Die drei Musketiere. Frohe Ostern. Fröhliche Weihnachten. Die erste Liebe. Wie heißt du? Giuliana. Ich liebe dich, wenn du mich verläßt, bringe ich mich um. Eddy, Mimi und ich: eine Pizza zu dritt. Die Mitschülerinnen Giovanna und Mariolina. Der

Lehrer Valenza. Als wäre es gestern gewesen. Das Olimpia-Kino, Sperrsitz, eine Lira. Clark Gable, Gary Cooper und Charlie Chaplin. Das Sannazaro-Gymnasium. Vierhundertmeterlauf. Achtung, fertig, los! Der Puff. Zum erstenmal. Tschechow, Gogol, Kafka, Dostojeweski. Das erste Jahr an der Universität. Professor Caccioppoli. Die Kommilitonen Cesare, Elio und Gennarino. Papa wird krank. Die Beerdigung Papas. Armer Papa! Wir, Professor Giuseppe Tesauro, verleihen Luciano De Crescenzo die Doktorwürde in Ingenieurwissenschaften. Arbeitslos. Firma Olivetti. Sehr geehrte Herren, der Unterzeichnete... Wir bedauern, kein Bedarf. Marotta, Guareschi, Pavese, Calvino, Buzzati. Der Fiat sechshundert. Wie heißt du? Gilda. Ich liebe dich, wenn du mich verläßt, bringe ich mich um. Sofia, Marilyn, De Sica, Totò und Peppino. Immer noch arbeitslos. Firma Italsider. Sehr geehrte Herren, der Unterzeichnete... Wir bedauern, kein Bedarf. Borges, Simenon, Russell. Firma IBM Italia. Sehr geehrte Herren, der Unterzeichnete... Der psychologische Test. Der Kurs in Rivoltella del Garda. Wie viele Tage? Drei Monate... *Core core, core mio luntano vai...* Rückkehr nach Neapel. Als wäre es gestern gewesen. Willst du die Ehe mit Gilda Somma eingehen? Ja. Und du, Gilda Somma, willst du die Ehe mit Luciano De Crescenzo eingehen? Ja. Erster Arbeitstag. Guten Tag, ich bin Ingenieur De Crescenzo von IBM Italia, ich möchte gern mit Dr. Rossi sprechen. Dr. Rossi ist in einer Konferenz. Und morgen? Auch morgen ist er in einer Konferenz. Eine rosa Schleife. Wieviel wiegt sie denn? Drei Kilo und hundertfünfzig Gramm. Und wie heißt sie? Paola. Eiapopeia. Es waren einmal ein Prinz und eine Prinzessin. Berto, Flajano,

Graves. Mama wird krank. Mamas Beerdigung. Arme Mama! Die Berufskollegen Peppe, Giovanni, Anna, Renato, Pino. Frohe Ostern. Fröhliche Weihnachten. Der zehnte Geburtstag Paolas. Herzlichen Glückwunsch, komm mein Liebling, blas die Kerzen aus. Als wäre es gestern gewesen. Immer neue Freunde: Federico, Nando, Gerardo, Nino. Das Meer. Capri. Das Motorboot. Hast du tatsächlich bei IBM gekündigt? Ja. Und was machst du jetzt? Ich schreibe. Fünfzehntausend Auflage, das muß gefeiert werden! Augustinus, Saint-Exupéry, Bergson, Platon. Frohe Ostern. Fröhliche Weihnachten? Wie heißt du? Isabella. Ich liebe dich, wenn du mich verläßt, bringe ich mich um... Fünfhunderttausend Auflage, das muß gefeiert werden! Gassman, Sordi, Walter Matthau, Woody Allen. *Also sprach Bellavista*, Klappe, Action. Immer neue Freunde: Paolo, Sergio, Nori, Marisa, Lina. Frohe Ostern. Fröhliche Weihnachten... Noch ein Federico: Fellini! Verabredung zum Cappuccino um acht auf der Piazza del Popolo. Als wäre es gestern gewesen. Preise: David, das Silberne Band, Bancarella... *Geschichte der griechischen Philosophie*, eine Million Auflage, das muß gefeiert werden! Wie hoch ist mein unterer Wert? 110. Zuviel? Entschieden ja. Was soll ich tun? Jeden Tag eine Tablette schlucken. Wie lange? Das ganze Leben lang. Luana. Wir fliegen zusammen zum Festival von Venedig. Beide mit Ermäßigung: sie mit der grünen Karte und ich mit der silbernen. Liebst du mich? Ich liebe dich. Du kannst mich ruhig verlassen, wenn du willst, ich bringe mich ja doch nicht um.

Und heimlich wie ein Dieb raubt mir die Zeit meine Zellen. Hier klaut sie mir ein Neuron, da verkalkt sie mir eine Arterie, dort bleicht sie mir ein Haar. Ich lasse mir eine neue Brille machen. Der Optiker schaltet den Leuchtkasten an. Jetzt kann ich nur noch die beiden obersten Reihen lesen. Sekunde für Sekunde verändert sich mein Körper, und was ich früher einfach gemacht habe, ohne viel darüber nachzudenken, wird jetzt schon schwierig. Selbst eine einfache Aktion wie eine Socke anzuziehen, kann etwas kompliziert werden. Nicht, daß ich das nicht mehr schaffte, aber es ist einfach ein bißchen mühsam, und deshalb setze ich mich lieber dazu hin. *Panta rhei* eben, alles fließt.

II

Freudenhäuser

Neapel 1946. Humanistisches Gymnasium Jacopo Sannazaro. Fräulein Rigosi, unsere Kunstgeschichtslehrerin, unternahm mit uns einen Schulausflug nach Pompeji. Pädagogisches Ziel: Studium des italisch-korinthischen Stils. Unser Ziel: Besichtigung des antiken Bordells, zu dem gewöhnlichen Besuchern und insbesondere noch nicht einmal achtzehnjährigen neapolitanischen Jungen, die sich vor allem im Onanieren übten, der Zutritt streng verwehrt war. Ein paar Jungen, die schon dort gewesen waren, hatten uns unter dem Siegel der Verschwiegenheit erzählt, daß über einem der Lager im Freudenhaus die Inschrift zu lesen war: *Hic ego puellas multas futui.* Nun waren wir damals gewiß keine Leuchten in Latein, aber wenn es um gewisse Themen ging, konnte es kein Latinist mit uns aufnehmen; daher übersetzten wir auch gleich aus dem Stegreif: «Hier habe ich es mit vielen Mädchen getrieben».

Unsere Informanten hatten uns eine ganz genaue Wegbeschreibung gegeben.

1. Durch die Via dell'Abbondanza, die Straße der Üppigkeit, bis zur letzten Häusergruppe vor den Stabianischen Thermen gehen.
2. Links die Region VII, Insula XI betreten.
3. Die Gasse mit dem Dachbalkon finden.

4. Einen mit einer Absperrung versehenen Eingang finden, an dem ZUTRITT VERBOTEN steht.
5. Sich diesem Eingang mit harmloser Miene nähern.
6. Sich bücken (wie um einen Schuh zuzubinden) und so schnell wie möglich unter der Absperrung durchkriechen.

Letzter und entscheidender Rat: niemanden um Auskunft bitten, sondern den in den Fußboden gemeißelten Phalli folgen. Kurz darauf sahen wir einen Phallus von gigantischen Ausmaßen aus dem ersten Stock eines Freudenhauses hervorragen.

«Was für eine Zivilisation doch diese Römer hatten», riefen wir begeistert aus, und Fräulein Rigosi, die meinte, daß wir über den italisch-korinthischen Stil redeten, war sehr zufrieden.

Beschreibung des Freudenhauses.[1]

Im Erdgeschoß fünf Dirnenzellen, eine neben der anderen. An den Wänden eine Reihe von Fresken mit Darstellungen der Spezialitäten des Hauses. Im Hintergrund: eine Latrine. Im ersten Stock Zellen für die feinere Kundschaft (für Leute, die sich nicht gern öffentlich zeigten). Unbedingt zu beachten die Grüße an Victoria, Fortunata und Januaria, drei Damen aus dem Gewerbe. Weitere Graffiti mit Danksagungen einiger Klienten. Unter ihnen ein gewisser Crescentius (ein Vorfahre, fürchte ich). Und weitere Inschriften, die man beherzigen sollte: *Otiosis locus hic non est: discede morator!* Also: «Hier ist kein Ort für Faulenzer: wer lang herumtrödeln will, soll sich wegscheren!» Mehr oder weniger die gleiche Ermahnung bekamen

[1] Für erschöpfende Informationen über das Rotlichtviertel von Pompeji sei das Werk *Erotica pompeiana* von Antonio Varone empfohlen.

wir später, als wir ins Bordell gingen, auch von der Puffmutter. Das waren noch Zeiten!

Fräulein Rigosi bemerkte sofort, daß wir vom rechten Weg abgekommen waren; einer aus der Klasse, dem es nicht gelungen war, hineinzukommen, hatte uns verraten. Sie ließ uns von den Aufsehern herausholen und fing ein fürchterliches Geschimpfe an, drohte, uns alle durchfallen zu lassen und unseren Eltern am nächsten Tag irgendwelche Bußgelder abzuverlangen (mein Vater hätte mich glatt umgebracht). Tief betrübt verließen wir das Rotlichtviertel von Pompeji und schlossen uns wieder den Bewunderern des italisch-korinthischen Stils an.

Das antike Pompeji ist eine ganz einzigartige Ausgrabungsstätte: als hätte jemand vor eintausendneunhundert Jahren vom Vesuv aus eine gewaltige Momentaufnahme gemacht und würde sie jetzt vor uns ausbreiten. An jenem Morgen des Jahres 79 n. Chr. sahen die Pompejaner eine riesige Rauchwolke aus dem Vulkan aufsteigen (Plinius d. J. zufolge hatte sie die Gestalt einer Pinie), und gleich darauf regnete es Asche und Lapilli auf sie herab. Schicht um Schicht wurde die ganze Stadt blitzschnell zugedeckt. Alles erstarrte wie «in flagranti erwischt» unter der Flut von Lapilli, sandkorngroßen Bimssteinchen, die sich zu einer zweieinhalb Meter hohen lockeren Decke aufhäuften, gerade so, als habe der Herrgott zu den Naturgewalten gesagt:

«Liebe Naturgewalten, packt mir doch bitte Pompeji gut ein, damit ich es in eintausendneunhundert Jahren der Nachwelt und den Schülern der 2b des Jacopo-Sannazaro-

Gymnasiums zeigen kann. Aber paßt gut auf, daß nichts zerstört wird.»

Fräulein Rigosi besaß eine Leica, mit der sie so ziemlich alles fotografierte, was ihr an Beispielen italisch-korinthischer Baukunst vor die Linse kam. Ein Klassenfoto aufzunehmen, weigerte sie sich aber.

«Nur ein einziges, bitte», bettelten wir, aber sie blieb taub auf diesem Ohr.

«Ich darf kein Material vergeuden!» antwortete sie streng. «Der Herr Direktor hat die Filme persönlich gekauft, und ihm muß ich sie auch zurückbringen.»

Am Ende des Schulausflugs wollten wir alle noch am nahen Strand von Portici ein Bad nehmen. Es war Mitte Mai, und unsere Lust, uns in die Fluten zu stürzen, ließ sich kaum bremsen.

«Aber zuerst müssen wir noch die Werkstatt besichtigen, in der die Funde restauriert werden», meinte Fräulein Rigosi. «Neeein!» schrien wir im Chor, aber Fräulein Rigosi blieb unerbittlich. Sie hatte dem Ausgrabungsleiter, einem ihrer besten Freunde, unseren Besuch angekündigt, und er wartete nun schon seit einer Stunde auf uns.

«Zuerst die Arbeit und dann das Vergnügen», beharrte sie. «Und damit ihr es nur wißt, ich möchte auch gern ein Bad nehmen. Ich war nämlich Landesmeisterin im Hundertmeterschwimmen. Bei den Hochschulwettkämpfen 1938 wurde ich Dritte.» Daß sie Faschistin gewesen war, hatten wir zwar schon immer gewußt, aber daß sie einen Preis bei Schwimmwettkämpfen gewonnen hatte, hätten wir dieser schmächtigen Person dann doch nicht zugetraut.

Kaum zu glauben, aber jener Besuch in der Werkstatt beeindruckte mich tief: Ich wurde mit dem Virus der Archäologen, dem sogenannten Schliemann-Morbus, angesteckt. In einem halbdunklen Raum saß ein rothaariger Mann mittleren Alters im Schein einer Glühbirne und setzte mühsam etwa dreißig Fragmente einer attischen Vase zusammen, die mit schwarzen Figuren geschmückt war. Aus der Ferne betrachtet, schienen alle Teilchen gleich, da sie nur zwei Farben hatten: schwarz und rötlich. Bei genauerem Hinsehen entdeckte man aber im Schwarz ein paar hellere Stellen, die vielleicht ein Pferdegeschirr oder aber das Auge eines Kriegers darstellten.

Dieser rothaarige Mann besaß eine ganz außergewöhnliche Geschicklichkeit: Er faßte die winzigen Scherben mit einer Pinzette, drehte sie nach allen Seiten, prüfte sie mit dem Vergrößerungsglas und probierte so lange herum, bis eine vollständige Figur vor ihm entstand: ein Wagen mit dem Auriga, dem Wagenlenker. Ich sah ihn bewundernd an wie einen Zauberkünstler.

«Wenn ich groß bin, werde ich Archäologe», verkündete ich noch am selben Abend vor versammelter Familie.

«Da kannst du ja gleich unter die Hungerleider gehen», war der Kommentar meines kulturell nicht besonders aufgeschlossenen Vaters.

«Wenn du unbedingt mit diesem alten Zeug zu tun haben willst, dann mach in Santa Lucia, gegenüber von den großen Hotels, einen Souvenirladen auf. Da kannst du dann außer Ansichtskarten auch Kolosseen aus Plastik verkaufen oder Glaskugeln mit dem Vesuv drin, auf den Schnee rieselt, wenn man sie umdreht.»

Heute, fast fünfzig Jahre später, hat sich mein archäologischer Traum verwirklicht: Ich sitze hier an meinem Schreibtisch und habe ein paar hundert Papierstreifen vor mir liegen, auf denen kurze griechische Sätze stehen. Meine Arbeit besteht darin, sie nebeneinanderzulegen und miteinander zu vergleichen, bis sich daraus ein deutlicherer Sinn ergibt. Genauer gesagt handelt es sich um 126 Fragmente und 61 Zeugnisse, die alle dem Philosophen Heraklit zugeschrieben werden, insgesamt also um 187 Fetzen aus Reden, die mal länger, mal kürzer, mal leicht zu verstehen und mal völlig unverständlich sind. Ich habe sie zunächst fotokopiert, dann ausgeschnitten und schließlich nach Themen geordnet. Ein halb spielerisches, halb ernsthaftes Puzzle und Ratespiel, mit dem Ziel, eine Erzählung zu schreiben, deren Held, Heraklit eben, alles sagt, was er über die Zukunft, über das Feuer und die gegenwärtigen Beziehungen zwischen dem Polo della Libertà[2] und dem Polo Progressista in Italien zu sagen hat. Und zwar mit genau den Worten, die er schon in der Vergangenheit benutzt hat.

Die Fragmente der Vorsokratiker und insbesondere Heraklits wurden schon zu Beginn des Jahrhunderts von Hermann Diels und Walter Kranz in mühsamer Arbeit gesammelt und geordnet.[3] Diese beiden deutschen Gelehr-

[2] Polo della Libertà (Pol der Freiheit): Berlusconi und Verbündete; Polo Progressista: Vereinigung der Linksparteien

[3] Für die deutsche Übersetzung der Fragmente beziehen wir uns auf die modernere Fassung in: Wilhelm Nestle, *Die Vorsokratiker*, Düsseldorf–Köln 1956, und greifen nur für die wenigen Fragmente, die bei Nestle nicht enthalten sind, auf Diels-Kranz zurück. (Hermann Diels, *Die Fragmente der Vorsokratiker*, hrsg. von Walther Kranz, 3 Bände, Berlin 1934–1937, 5. Auflage)

ten haben uns eine vollständige und philologisch streng geordnete Sammlung hinterlassen. Nach ihnen haben sich auch noch andere Wissenschaftler mit den Fragmenten Heraklits beschäftigt und sie nach anderen Gesichtspunkten geordnet und numeriert. Wie immer in solchen Fällen muß die Echtheit einiger *fragmenta* angezweifelt werden, während es bei anderen lediglich unterschiedliche Deutungen gibt.

Da wir aber zum Glück keine Philologen sind, dürfen wir uns mehr auf unser Gefühl verlassen und versuchen, Heraklit jene Worte in den Mund zu legen, die er einst gesagt haben soll oder die ihm zugeschrieben werden. Hoffen wir, daß dabei ein glaubwürdiges Porträt herauskommt.

Um noch einmal auf den Schulausflug zurückzukommen: Ich kann mich erinnern, daß er ein tragikomisches Ende fand, das jeder Komödie von Plautus würdig gewesen wäre.

Einer meiner Schulkameraden, ein gewisser Mautone, der mehrmals durchgefallen und schon volljährig war, verübelte es unserer Lehrerin ganz besonders, daß sie nicht einmal ein Erinnerungsfoto von uns machen wollte, und beschloß, ihr aus Rache einen derben Streich zu spielen. Als wir uns endlich im Strandbad Rex von Portici befanden, um das heiß ersehnte Bad zu nehmen, nutzte Mautone die Gelegenheit, daß Fräulein Rigosi sich sofort in die Fluten stürzte und weit hinausschwamm, um sich in ihre Kabine zu schleichen. Dort nahm er die Leica und ließ von seinem Banknachbarn (dem heutigen Bildhauer Gigino Caianiello) seine Genitalien ablichten. Dann steckte er den Fotoapparat in die Aktentasche der Lehrerin zurück und folgte dieser ins Wasser, um sich ein Alibi zu verschaffen.

Dieser Streich ging in die Geschichte des Jacopo-Sannazaro-Gymnasiums ein. Ich kann mich heute nicht mehr genau erinnern, ob Fräulein Rigosi oder der Schuldirektor im Fotogeschäft die «Vergrößerung» von Mautone abholte. Genau weiß ich nur noch, daß der letzte Monat dieses Schuljahres die wahre Hölle war.

Vor allem kam das Gerücht auf, der Schuldirektor wolle höchstpersönlich eine Inspektion der betreffenden Körperteile der ganzen Klasse vornehmen. Fräulein Rigosi gab sowohl jenen, die sich irgendwie herausredeten (darunter ich), als auch jenen, die eisern schwiegen, zur Strafe eine Vier in Kunstgeschichte. Mautone aber ließ das alles völlig kalt, und wir redeten vergebens auf ihn ein, sich zu stellen: Er war sehr zufrieden mit der Vier, das war die beste Note, die er in den letzten drei Jahren in Kunstgeschichte bekommen hatte. Schließlich geriet die Geschichte aber doch in Vergessenheit, und keiner sprach mehr über den mehr italischen als korinthischen Stil von Mautones Heldentat.

III

Traum

Ich habe es ja gewußt: Ich hätte diese gefüllten Paprika nicht essen dürfen, und schon gar nicht spät abends, praktisch um Mitternacht, eine Stunde vor dem Schlafengehen. Schließlich weiß doch jeder, wie schwer verdaulich sie sind. Wie zu erwarten, konnte ich lange nicht einschlafen und wälzte mich stundenlang im Bett herum. Ich habe versucht, Xenophon zu lesen, weil ich dachte, der ist so was von langweilig, das beste Schlafmittel, aber er hat mich eben einfach nur gelangweilt. Dann durchstöberte ich alles auf der Suche nach einem Verdauungsmittel, fand aber nur das Natron, das meine philippinische Hausangestellte zum Silberputzen nimmt, und davon wurde alles nur noch schlimmer, denn es hinterließ einen scheußlichen Gipsgeschmack in meinem Mund. Als ich nach einer Ewigkeit schließlich einschlief, hatte ich einen Alptraum, und zwar mit so unwahrscheinlichen Einzelheiten, daß man es kaum glauben möchte: Ich habe doch tatsächlich von Heraklit in seiner ganzen Häßlichkeit, Scheußlichkeit und Boshaftigkeit geträumt.

Abgerissen wie ein Gammler auf der Domtreppe von Ravello sitzend, blickt mich der Mann aus Ephesos stumm an. Arrogant, wie nur einer sein kann, der nichts mehr zu fürchten hat, grüßt er mich nicht nur nicht, sondern tut auch so, als sähe er mich nicht. Aber plötzlich springt er wie von einer Tarantel gestochen auf und schreit mich an:

«O du Nichtswürdiger, du elender Wurm, du wagst es, den Blick auf mich zu richten? Mein Werk ist nicht für deinesgleichen geschrieben worden, sondern für jene, die von den Musen geküßt wurden.[1] Ich hoffe, du hast wenigstens soviel Schamgefühl zu schweigen, falls du überhaupt ahnst, wie schön Schweigen ist!»

Kein Zweifel: das ist er, Heraklit, der Dunkle, der unsympathischste aller griechischen Philosophen.

Jetzt kommt er die Stufen herab, und als er an mir vorübergeht, murmelt er kaum verständlich *«epou moi»*.[2] Ich folge ihm. Er steigt zur San-Francesco-Kirche hinauf und geht auf der anderen Seite in Richtung Cimbrone-Anlagen hinunter. Ich immer hinterher. Gemeinsam und immer noch schweigend gehen wir die Allee entlang und erreichen die Aussichtsterrasse. Dort dreht er sich um und fragt mich:

«Was siehst du?»

«Ein phantastisches Panorama!» antworte ich und beiße mir gleich auf die Zunge: Das Adjektiv «phantastisch» klingt wohl allzu billig.

«Phantastisch?» fragte er stirnrunzelnd.

«Ja, phantastisch», wiederhole ich stammelnd. «Weil man die ganze Küste von Maiori bis zum Kap Licosa sieht. Und dann diese super Sicht heute. [Du meine Güte, schon

[1] «Nicht euch galt mein Werk; denen nur, die mich verstehn. / Einen achte ich Tausenden gleich, die zahllose Menge / Acht' ich für nichts, und dies bleibt auch im Hades mein Wort.» Diogenes Laertios, *De clarorum philosophorum vitis*, dt. *Leben und Meinungen berühmter Philosophen*, übers. von O. Apelt, Berlin 1955, IX 1 16

[2] *epou moi*, griech.: «folge mir»

Wir erreichten die Aussichtsterrasse. Dort drehte er sich um . . .

M. C. Escher, Belvedere
© 1995 M. C. Escher/Cordon Art – Baarn – Holland.
All rights reserved.

wieder so eine Entgleisung!] Mit ein bißchen Phantasie könnte man vielleicht sogar Elea sehen, die Heimat des Parmenides.»

«Welches Parmenides?» fragt er.

Du liebe Zeit, da bin ich schon wieder ins Fettnäpfchen getreten! Schließlich weiß doch jeder, daß Heraklit und Parmenides sich nicht ausstehen konnten: genau wie zwei Fußballfans verschiedener Clubs am Tag des Pokalspiels. Aber jetzt kann ich nicht mehr zurück und stelle mich einfach dumm.

«Na, Parmenides», beharre ich. «Der große Parmenides, der mit dem Sein ...»

«Das Sein gibt es nicht!»

«Wie kannst du das behaupten? Dann wäre also deiner Meinung nach auch Heidegger ...»

«Das Sein ist das Werden aus der Ferne gesehen! Sag mir jetzt lieber, was du siehst!»

«Nun, ich sehe das Meer... ein weites, magisches, immenses Meer... das wie im Leeren hängt... und dazu diese Stille... dieser Friede...»

«Friede?» fragt er verwundert.

«Ja, Friede.»

«Du meinst wohl Krieg!»

«Wieso Krieg?»

«Wohin du nur blickst, überall ist Krieg: im Meer, auf der Erde oder im Himmel. Ein Fisch frißt einen anderen Fisch, ein Vogel verschlingt ein Insekt, eine Ziege knabbert an einem Grashalm, ein Mensch verzehrt ein Lamm und so weiter... von einer Zerstörung zur anderen. Weißt du, wer dies hier ist?» fragt er und deutet auf eine Statue genau vor uns.

«Ich weiß nicht», sage ich und versuche es dann auf gut Glück: «Aphrodite?»

«Nein, das ist Demeter, die Göttin der Natur, die furchtbarste aller Göttinnen!»

«Die sieht gar nicht so schlimm aus!»

«Aber sie ist es. Die Natur besteht aus einer Vielfalt von Spezies, die nur überleben können, indem sie sich gegenseitig zerstören. Sogar jene Substanzen, die dir auf den ersten Blick träge erscheinen, kämpfen gegeneinander: das Feuer gegen die Erde, die Erde gegen das Wasser, das Wasser gegen das Feuer und so fort...»

Dabei fällt mir einer der «Gedanken» Leopardis ein, wo er mehr oder weniger das gleiche sagt. Ich habe ihn wahrscheinlich in der Schule im «Zibaldone» gelesen und kann ihn nicht mehr wörtlich zitieren, aber er meinte ungefähr dies: «Wir lassen uns vom Anblick einer Blume oder von der Stille in einem Wald bezaubern und machen uns nicht bewußt, daß hinter dieser Blume und in diesem Wald immer ein Überlebenskampf stattfindet.»

Heraklit streckt mir nun ein Fernglas entgegen, weiß der Himmel, wo er das hergezaubert hat.

«Schau mal», befiehlt er, und ich schaue.

In Maiori findet gerade ein Fest statt. Gewiß das Fest der Schutzpatronin des Ortes, Santa Maria a Mare. Überall gibt es Verkaufsstände, eine Musikkapelle spielt in voller Lautstärke, und auf einem Platz messen sich, umringt von schreienden Zuschauern, zwei Mannschaften im Seilziehen. Ein paar Meter weiter sitzen sich an einem Wirtshaustisch, wo sie gerade ihr Essen beendet haben, zwei schweißtriefende Kraftprotze mit wutverzerrten Gesichtern beim Fingerhakeln gegenüber. Sie haben die Augen

Der Krieg ist der Vater aller Dinge.

M. C. Escher, Regelmäßige Flächenfüllung III
© 1995 M. C. Escher/Cordon Art – Baarn – Holland.
All rights reserved.

geschlossen und beißen die Zähne zusammen, ihre Münder sind vor Anstrengung ganz schief. Ihre streng getrennten Anhänger zu beiden Seiten spornen sie an. Aber trotz aller Anstrengung gelingt es keinem von beiden, auch nur einen Millimeter an Terrain zu gewinnen.

«Sie sind scheinbar bewegungslos», bemerkt Heraklit, «in Wirklichkeit haben sie aber den Höhepunkt ihrer zerstörerischen Kraft erreicht, und genau das gleiche geschieht überall im Universum, denn wo Leben ist, ist auch Krieg. Alles geschieht durch Wettstreit. (F 2)[3] Der Krieg ist der Vater aller Dinge. Selbst die Götter des Olymp sind seiner Macht untertan. Sie bilden sich nur ein, alles selbst bestimmen und die Menschen beherrschen zu können, in Wirklichkeit ist es am Ende immer *Polemos*, der Krieg, der entscheidet, wer als freier Mensch und wer als Sklave lebt. (F 1) Und das ist auch ganz richtig so, denn die größte Harmonie entsteht ja durch den Zwist. (F 5) Kannst du mir übrigens sagen, was Gott ist?»

«Was denn?»

«Gott ist Tag und Nacht, Winter und Sommer, Krieg und Frieden, Sättigung und Hunger ...» (F 8)

Genau in dem Augenblick muß ich niesen, und Heraklit nutzt die Gelegenheit, um mir zu erklären:

«Und auch du, du kleiner Mensch, bist nichts anderes als ein einziges Schlachtfeld. In diesem Augenblick kämpfen in deinem elenden Körper die Keime des Bösen gegen die Soldaten des Guten. Die einen wollen dich zerstören, die andern beschützen, damit du so lange wie möglich weiterleben kannst.»

[3] Die hinter F angegebenen Ziffern beziehen sich auf die Reihenfolge der in Kapitel XII zitierten Fragmente Heraklits.

Er hat nichts von Viren und Antikörpern gesagt, aber der Unterschied ist gar nicht so groß.

«Mag sein», stimme ich zu. «Aber es wird doch irgendwo im ganzen Universum auch ein ruhiges Eckchen geben. Irgendeinen bescheidenen Raum, wo die endlich befriedete Natur ausruht.»

«Von wegen. Die Natur ist auf die Gegensätze aus. Sie wird ganz wild, wenn sie die entdeckt.» Und bei diesen Worten scheint er selber von einem gewissen Lustgefühl überrieselt zu werden. «Die verführerischsten Punkte sind das Ganze und das Nichtganze, das Einträchtige und das Zwieträchtige, der Einklang und der Zwieklang. Je größer der Abstand zwischen den Gegensätzen ist, desto größer auch die Lust, da aus Allem Eins und aus Einem Alles wird.» (F 3)

«Wie kann das denn sein?»

«Weil bei dem, was sich verbindet, Anfang und Ende gemeinsam ist.» (F 14)

«Wo denn?»

«Im Kreis.»

«Also das habe ich jetzt nicht ganz verstanden ...»

«Das wundert mich gar nicht. Du bist genau wie alle andern: Leute, die weder zu hören verstehen noch zu reden.» (F 54)

«Das mag wohl sein», räume ich ein. «Aber was hat denn nun die Schönheit des Golfes von Salerno mit den sich berührenden Gegensätzen zu tun?»

«Die Harmonie, die aus einem Extrem kommt, verbindet sich mit dem anderen Extrem. (F 6) Und genauso geschieht es auch im Leben, wenn zwischen einer Geburt und einem Tod Harmonien entstehen ...»

«Ich kann hier aber beim besten Willen keine Harmonien entdecken, außer vielleicht, was das Panorama betrifft.»

«Weil du eben ein Barbar bist und dich auf deine Augen und Ohren verläßt» (F 88), sagt er verachtungsvoll. «Wenn uns die Sinne glücklich machen könnten, bräuchten wir ja nur die Ochsen nachzuahmen, die gerade eine Erbse gefunden haben. (F 89) Da wir nun aber einmal Menschen und keine Herdentiere sind, müssen wir nach der verborgenen Harmonie streben. Diese ist allerdings auch schwerer zu finden.» (F 7)

«Erklär mir dies genauer.»

«Nehmen wir einmal an, du hast furchtbare Schmerzen, aber dank eines wunderbaren Heilmittels verschwinden sie ganz, dann bekommt deine Freude darüber nur durch das Bewußtsein der ausgestandenen Schmerzen einen Sinn. Krankheit macht Gesundheit angenehm und gut, Hunger Sattheit, Mühe Ruhe. (F 9) Wehe, wenn es Schmerz, Hunger und Mühe nicht gäbe.»

«Das hat doch, glaube ich, auch schon Sokrates gesagt?»

«Welcher Sokrates?»

Typisch: Jedesmal, wenn ich einen Philosophen nenne, gibt er vor, ihn nicht zu kennen. Der einzige, den er gelten läßt, ist Bias von Priene, und dies auch nur, weil Bias ihm in gewisser Hinsicht ähnelt. (F 98) Nicht zufällig stammt folgende Maxime von ihm: «Die meisten Menschen sind schlecht.»[4]

Trotzdem rede ich weiter über Sokrates.

«Als man Sokrates den Schierlingsbecher in den Kerker

[4] «Die Priener haben ihm einen heiligen Bezirk geweiht, genannt das Teutameion. Sein Spruch war: Die meisten sind schlecht.» Diogenes Laertios, a. a. O., I 88

brachte, nahm man ihm die Ketten ab. Er rieb sich eine der schmerzenden Fesseln und sagte: ‹Was für ein merkwürdiges Ding scheint das zu sein, was die Menschen Lust nennen! Und wie wunderbar ist deren Natur, wenn wir sie mit ihrem Gegenteil vergleichen! Sie kommen beim Menschen nie gleichzeitig vor, sondern wechseln sich ab, als wären sie an die beiden Enden ein und desselben Seils gebunden.›»[5]

«Na und? Auf solche Selbstverständlichkeiten bin ich schon hundert Jahre vor ihm gekommen, ohne mich groß damit zu brüsten», erwidert er scharf. «Und jetzt reden alle von Sokrates! Sokrates hier und Sokrates da! Wer war der schon? Er sollte den Göttern danken, daß sie ihm zu seinen Lebzeiten einen Schriftsteller zur Seite gestellt haben, der seine Gedanken den Nachfahren überliefert hat.»

«Meinst du Platon?»

«Ja, den Schriftsteller.»

«Platon ein Schriftsteller? Platon war doch ein Philosoph!»

«Das ist mir neu: Für mich war er ein Schriftsteller oder vielmehr ein Dramatiker.»

«Du machst wohl Spaß?»

«Seine Dialoge sind kaum mehr wert als die Komödien des Aristophanes.»

«Wie kannst du nur Platon mit Aristophanes vergleichen! Außer vielleicht darin, daß beide Weisheit besaßen.»

«Weise zu sein, bedeutet noch nicht, intelligent zu sein,

[5] Platon, *Phaidon*, 58b

Sie wechseln sich ab, als wären sie an die beiden Enden
ein und desselben Seils gebunden.

M. C. Escher, Flächenfüllung II
© 1995 M. C. Escher/Cordon Art – Baarn – Holland.
All rights reserved.

sonst wären ja auch Hesiod, Pythagoras, Hekataios oder Xenophanes intelligent zu nennen.» (F 90)

«Aber war Xenophanes denn nicht einer deiner Meister?»

«Xenophanes mein Meister? Das meinst du doch nicht im Ernst», protestiert Heraklit mit abschätziger Miene. «Ich habe keine Meister gehabt, außer mich selbst, und aus diesem Grunde bin ich auch immer wieder gezwungen, mich zurückzuziehen.»

«Dich zurückzuziehen?»

«Ja, um mich selbst zu erforschen.» (F 127)

«Ganz allein?»

«Ganz allein.»

«Meinst du nicht, o Heraklit, daß du ein bißchen eingebildet bist?» erwidere ich in der vergeblichen Hoffnung, ihn ein wenig von seinem Sockel zu holen. «Wie kannst du nur behaupten, daß Hesiod und Pythagoras nicht intelligent gewesen seien?»

«Von Pythagoras habe ich die denkbar schlechteste Meinung: Er war der König der Diebe, der Fürst der Schwindler. (F 97) Er hat eine Unmenge Bücher gesammelt und sein ganzes Wissen daraus abgeschrieben, um es dann zum Schaden seiner Mitmenschen anzuwenden.» (F 96)

«Und von Hesiod?»

«Der hat keinen Zentimeter über seine eigene Nasenspitze hinausgesehen. Da erzählen alle, er sei ein großer Meister gewesen (F 93), dabei hat er in Wirklichkeit keine Ahnung gehabt.»

«Aber du kannst doch nicht leugnen, daß er neben Homer einer der größten Schriftsteller aller Zeiten gewesen ist.»

«Ausgerechnet der!»

«Wer?»

«Homer.»

«Warum, was hat er dir denn angetan?»

«Er und Archilochos haben die größte Dummheit verkündet, die man je von einem Sterblichen gehört hat.»

«Nämlich?»

«Sie haben gehofft, daß der Wettstreit aus der Welt geschafft werden könne.»[6]

«Nun, das ist doch gar nicht so dumm. Herodot erzählt...»

«Welcher Herodot?»

«Der Geschichtsschreiber.»

«Was sagt er?»

«Er erzählt, daß Krösus eines Tages zu Kyros gesagt habe: ‹Kein Mensch ist unverständig genug, Krieg dem Frieden vorzuziehen: begraben doch im Frieden die Kinder ihre Eltern und im Kriege die Eltern ihre Kinder.›»[7]

«Na und? Was kümmert es die Natur, ob einer ein paar Tage früher oder später stirbt?»

«Aber hier geht es doch nicht um Tage, sondern um Jahre!»

«In Jahrtausenden gerechnet spielt es keine Rolle, ob es sich um Tage oder um Jahre handelt. Wir müssen alle sterben. Machst du dir denn nicht klar, daß es ohne Wettstreit die Welt nicht gäbe? Daß es ohne hohe und tiefe Töne

[6] Heraklit tadelt Homer, weil dieser sagte: «Möge der Wettstreit zwischen den Menschen und zwischen den Göttern enden!» Heraklit behauptet, es gäbe keine Harmonie ohne hohe und tiefe Töne und auch keine Tiere ohne das männliche und das weibliche Prinzip. (Aristoteles, *Nikomachische Ethik*, 1235 a 25; *Simplicius in Cat.* 412, 22; Diogenes Laertios, a. a. O., IX 1)

[7] Herodot, *Historien*, I 87

keine Harmonie gäbe? Ohne Männer und Frauen keine Menschheit und auf die gleiche Weise auch keine Tiere, unter ihnen Homer und Archilochos, die allein schon aus dem Grund, daß sie das Ende des Wettstreits herbeiwünschten, verdient hätten, mit Ruten von den Kampfplätzen verjagt zu werden.» (F 92)

«Allerhand!»

«Ich will dir mal eine kleine Geschichte erzählen, damit du begreifst, was Homer für einer war», sagt Heraklit und fängt zu meiner Überraschung an zu lachen. «Homer beobachtete eines Tages ein paar kleine Jungen, die sich gegenseitig lausten. ‹Was macht ihr denn da?› fragte er, und sie antworteten: ‹Alles, was wir gesehen und gegriffen, das lassen wir da; was wir aber nicht gesehen und nicht gegriffen, das bringen wir mit.› (F 91) Offensichtlich hat dieser Angeber überhaupt nichts verstanden und noch lange über die tiefere Bedeutung dieser Auskunft nachgedacht.» Wieder lacht Heraklit.

«Um noch einmal auf den Wettstreit zurückzukommen», sage ich, «zwei große Männer meines Jahrhunderts, Freud und Einstein, haben sich die Frage gestellt, warum immer wieder Kriege ausbrechen, obwohl sie letztendlich keinem nützen, weder den Besiegten noch den Siegern.»

«Und zu welchem Schluß sind sie gekommen?»

«Einstein zufolge trägt der Mensch eine starke Haßbegierde in sich. Zu normalen Zeiten ist diese Leidenschaft nur latent vorhanden, aber in Ausnahmesituationen kommt sie zum Vorschein, weil sie von den Politikern und Waffenhändlern geschürt wird.»

«Der Meinung bin ich auch. Der Mensch ist schlecht... das heißt, noch schlimmer: Er ist dumm!»

«Freud hingegen meint, daß es zwei Triebe gebe: einen erotischen, der nach Vereinigung strebt, und einen zerstörerischen, der die Teilung will. Der Mensch wird entweder von dem einen oder von dem anderen bestimmt ...»

«Damit bin ich nicht einverstanden», fällt mir Heraklit ins Wort. «Oder besser gesagt, ich bin nicht ganz einverstanden: Um der Logik der Natur gerecht zu werden, dürfen wir nicht das eine ausschließen, sondern müssen beides zusammen sehen. Es ist nicht richtig zu sagen, ‹das eine oder das andere›, sondern man muß sagen: ‹das eine und das andere›. *Eros* und *Thanatos* bekämpfen sich zwar, aber sie sind beide im Menschen vereint und ihre normale Äußerung ist *erizein.*»[8]

«Keinesfalls», wende ich ein. «Schöpfung und Zerstörung sind nicht gleichzeitig denkbar. Herrscht die eine, unterliegt die andere.»

«Weit gefehlt! Die eine bringt ja die andere hervor und umgekehrt!» ereifert er sich. «Wenn du ein Haus baust, zerstörst du eine Lichtung, und wenn du ein Haus zerstörst, schaffst du eine Lichtung. Es gibt keine Schöpfung, die nicht auch gleichzeitig eine Zerstörung mit sich bringt, und umgekehrt.»

«Das behauptet auch Empedokles, er sagt nämlich, daß es Geburt und Tod nicht gibt, sondern nur Freundschaft und Wettstreit, die die Dinge vermischen.»[9]

«Ja, ja, ich weiß, der hat mir immer nachgeplappert.»

«Jedenfalls ist mir der schöpferische Akt immer lieber als der zerstörerische.»

«Da kann ich nur noch einmal sagen, es gibt keinen

[8] *erizein*, griech.: «kämpfen»

[9] Plutarch, *Adversus Colotem*, dt. *Wider die Koloten*, Leipzig 1926, 10

Unterschied zwischen Töten und Zeugen. Im übrigen heißt bei uns zulande *bios* Leben und *bia* Gewalt.»

An dieser Stelle bin ich aufgewacht und habe, ob ihr es glaubt oder nicht, einen Niesanfall bekommen.

IV

Heraklits Leben von ihm selbst niedergeschrieben

Ich heiße Heraklit und bin im Jahre 540 v. Chr., kurz vor der 69. Olympiade, in Ephesos geboren. Ich drücke das so aus, weil man es mir geraten hat. Aber ehrlich gesagt weiß ich nicht, wer dieser Christus ist, von dem alle reden. Ich nehme an, es handelt sich um einen Philosophen, der fünfhundertvierzig Jahre nach Heraklit geboren ist.

Sie haben mich in die Vorhölle gesteckt, und ich muß wirklich sagen, daß ich mich da äußerst schlecht fühle. «Mittelwege» und alle Dummheiten, die von den Philosophen meiner Zeit darüber gesagt worden sind, waren mir schon immer zuwider. Nun könnte mir jemand entgegenhalten, daß auch ich einmal vor den Gefahren der Überheblichkeit (F 72) gewarnt habe, aber es ist ja schließlich ein Unterschied, ob man die Menschen vor Übertreibungen warnt oder ob man das gerechte Maß predigt, wie es dieser besserwisserische Aristoteles mit seinem *metrion to* getan hat. Der fühlt sich in der Vorhölle jetzt vielleicht wie zu Hause, aber für mich gilt das ganz bestimmt nicht. Wenn einer die Hölle verdient hätte, dann doch ich. Bin ich nun der Prophet des Feuers oder nicht? Also dann, zum Zeus, werft mich doch ins Feuer!

Als ich schon alt war, besuchten mich einmal mehrere Weise in Ephesos. Sie hatten gehört, daß da ein Verrückter seltsame Schöpfungstheorien entwickelt hatte, und wollten Genaueres darüber wissen. Ich kann mich noch erinnern, daß es an jenem Tag furchtbar kalt war. Die Weisen überraschten mich dabei, wie ich mir gerade an einem Kamin die Hände wärmte.[1]

«Bist du Heraklit?» fragten sie an der Türschwelle, und ich antwortete sofort: «Der bin ich» und setzte hinzu: «Kommt ruhig hierher ans Feuer, ihr Weisen, denn hier wohnen die Götter.» «Was willst du damit sagen?» fragten sie. «Daß die Götter das Feuer geschaffen haben?» «Gerade umgekehrt», erwiderte ich: «Das Feuer hat die Götter geschaffen, denn das Feuer ist doch Herr über unser Schicksal. Das Feuer weiß immer, was es tut, und es ist in seiner Wirkung immer gerecht. Wir müssen uns einfach seinem Willen unterwerfen!»

Es gibt Leute, die behaupten, der ideale Ort für das Leben nach dem Tode sei das Paradies. Aber weit gefehlt, einen langweiligeren Ort kann man sich gar nicht vorstellen. Glaubt nicht den Priestern in den Tempeln, die euch eine Ewigkeit mit lauter glücklichen Tagen versprechen: Sie lügen und wissen, daß sie lügen. Man kann nicht glückliche Tage verbringen, wenn man nicht auch die traurigen erlebt (F 95), ebensowenig wie man das Glück schätzen kann, wenn man nicht auch eine Ahnung vom Unglück hat. Und das gleiche gilt auch für den Gegensatz von Lust und Schmerz, Lachen und Weinen. Es ist schon so: Je paradiesischer mir das Paradies geschildert wird, desto mehr komme ich zu dem Schluß, daß einer wie ich am besten in der Hölle aufgehoben wäre.

[1] Aristoteles, *De partibus animalium*, 645 a, 17

Nach fünfundzwanzig Jahrhunderten habe ich nun gestern endlich die Erlaubnis bekommen, jenen Ort wiederzusehen, wo ich geboren bin. Welch eine Enttäuschung! Schon der Name! Der Ort heißt gar nicht mehr Ephesos, sondern Méditerranée, oder vielmehr, noch schlimmer, Club Méditerranée.[2] Die Thermen, die Marmorstraße, der Artemistempel, die Agora, das Magnesia-Tor, das Herkules-Tor – alles verschwunden. Da gibt es nur eine lange Reihe von Hütten, die alle gleich aussehen und geheimnisvollerweise Bungalow heißen. Die Bürger hier denken nur an ihr Vergnügen. Nicht ein einziger, der auch mal ein bißchen arbeiten würde! Am meisten gestaunt habe ich aber doch über das Essen. Solche Unmengen hatte ich noch nie gesehen! Ellenlange Tische voller Speisen aller Art: Huhn, Fisch, Gemüse, Kuchen, Wein, Obst und gewisse mit Fleisch gefüllte Teigrollen, die sie Cannelloni nennen.

Kurz, nicht einmal die Götter hätten sich all dies erlauben können. Und dann auch noch so viel man wollte: Jeder Bewohner des neuen Ephesos kann so viel essen und trinken, wie er will, keiner, der ihnen je verbieten würde, sich weiter zu bedienen. Wenn man bedenkt, daß der arme Anaxagoras an Entbehrungen starb! Nach drei Tagen und drei Nächten, in denen er nicht einmal ein Stückchen Brot bekam, streckte er sich auf seinem Lager aus, zog die Decke übers Gesicht und wartete geduldig auf sein Ende.[3]

Als ich ihm vom Club Méditerranée erzählte, ist er fast in Ohnmacht gefallen. A propos Ohnmacht, ich bin auch fast umgefallen, als ich die Weiber in diesem Club sah. Die

[2] Heraklit bezieht sich hier auf den Club Méditerranée von Kusadasi in der Nähe von Ephesos.

[3] Vgl. G. Giannantoni (Hg.), *I Presocratici*, Bari 1975, S. 558

laufen praktisch nackt herum, haben nur so ein winziges Höschen an... aber, was heißt Höschen... einfach eine Kordel um den Bauch und vorne ein Stückchen Stoff dran. Sie nennen das Tanga. Ich bin ja nun schon zu alt für diese Dinge (2536 Jahre!), aber ich muß trotzdem sagen, daß mein Blut ganz schön in Wallung gekommen ist, als ich diese Weiber im neuen Ephesos gesehen habe. Wirklich schade, daß ich so früh geboren bin! Heute hätte ich mich vielleicht ein bißchen weniger mit Philosophie abgegeben und wäre dafür so übers Wasser geschlittert wie diese jungen Männer, die mit einem Seil an Boote angebunden waren, die schneller dahinflitzten als ein Pfeil der Artemis.

Und noch etwas sticht in diesem neuen Ephesos sofort ins Auge, nämlich daß alles im Werden begriffen ist. Mag sein, daß dies alles mein Verdienst ist, schließlich bin ich in jener Gegend geboren, sicher ist jedenfalls, daß Bewegung für die Leute des Méditerranée eine regelrechte Pflicht ist. Alle sind ständig in Bewegung, laufen unentwegt hin und her und hängen dem *Panta rhei* an wie einer Religion. Sie haben da zum Beispiel einen Ritus, den sie «Schatzsuche» nennen, bei dem aber keiner die Erde umgräbt, um das Gold zu finden («Die Goldsucher graben viel Erde und finden wenig», F 70), sondern alle zerstreuen sich und sammeln sich wieder, nähern sich und entfernen sich wieder, wie von einer plötzlichen Raserei erfaßt. (F 20) Es gibt sogar hochbezahlte Lehrmeister, die eigens dafür angestellt sind, alle auf Trab zu halten. Sie heißen Animateure und sind bei den nackten Frauen sehr beliebt. Das war zu meinen Zeiten noch ganz anders: Der Kyniker Antisthenes mußte sich auf der Suche nach einer Gefährtin mit Kurpia abfinden, der häßlichsten Frau der ganzen Ägäis,

Sie zerstreuen sich und sammeln sich wieder,
nähern sich und entfernen sich.

M. C. Escher, Begegnung

© 1995 M. C. Escher/Cordon Art – Baarn – Holland.
All rights reserved.

aber er war ganz zufrieden, und das ist schließlich die Hauptsache.[4]

Meine Familie war reich, wenigstens nach den Maßstäben der damaligen Zeit, als man schon reich war, wenn man ein halbes Stadion Land und ein Ochsengespann besaß. Vornehm war sie auf jeden Fall; mein Vater Blyson (und nicht Herakon, wie einige geschrieben haben)[5] war ein direkter Nachfahre von Androklos, dem Gründer von Ephesos.

Übrigens, wißt ihr, wie Androklos den Ort wählte, an dem er Ephesos gründete? Die Geschichte war so: Bevor er von Athen ablegte, fragte er Apollo, in welche Richtung er sein Schiff lenken sollte und woran er den Ort erkennen würde, wo es den Grundstein zu legen galt. Das Orakel antwortete: «Dort, wo du einen Fisch und einen Eber nebeneinander sehen wirst.»[6] Orakel sind im allgemeinen nie sehr genau, sondern begnügen sich mit Andeutungen. (F 48) In diesem Fall war der Hinweis allerdings mehr als genau, nur war es äußerst unwahrscheinlich, einen Fisch und einen Eber nebeneinander zu finden. Trotzdem ist es Androklos gelungen. Kaum war er nämlich gelandet, angelte er einen Fisch und warf ihn, weil er ihn essen wollte, noch lebendig in eine Pfanne mit Öl. Der Fisch sprang aus der Pfanne, diese fiel um, und das Öl nährte ein Feuer, das sich über das ganze Gestrüpp ringsum ausbreitete. Das

[4] «Man darf nur mit solchen Weibern sich näher einlassen, die es einem Dank wissen ... Wenn eine schöne, so gefällt sie allen, wenn eine häßliche, so wird sie dir nicht gefallen.» Diogenes Laertios, a. a. O., VI 3

[5] Heraklit soll nach Suidas (svl) der Sohn des Bloson, Bautor oder Herakon, nach Diogenes Laertios Sohn des Blyson oder Herakon (IX 1) und nach Clemens Alexandrinus Sohn des Blyson gewesen sein (*Stromata I 65)*

[6] Pausanias, VII 7, 2, 8; Strabon 14, S. 633 ff.

Feuer erfaßte auch den Wald und trieb einen Eber in die Flucht, der dort Schutz gesucht hatte. Meine Stadt ist also durch Feuer entstanden, wie im übrigen auch alle anderen Städte der Welt, da ja alles durch die Verwandlung des Feuers entsteht, so wie alle Waren gegen Gold getauscht werden können. (F 24)

Über mich ist gesagt worden: «Stolzen Sinnes, wie kaum ein anderer, blickt er mit Verachtung auf die ihn umgebende Welt.»[7] Und ich bestreite auch gar nicht, daß ich verschroben, mürrisch, überspannt, eingebildet, unduldsam, ein Feind der Demokratie und gelegentlich unausstehlich gewesen bin. Aber dafür habe ich auch nie gelogen. Die Tatsache, daß ich einer vornehmen Familie entstamme, hat mich nie hochmütig gemacht, und wenn ich manchmal meine Überlegenheit gezeigt habe, dann nur der Kultur zuliebe und nicht weil ich reich war. Ich empfand nämlich schon von klein auf tiefe Verachtung für die Unwissenden und damit für das gemeine Volk. Denn das Denken ist zwar eine allgemeine Fähigkeit (F 56), aber nur wenige besitzen Wissen. Die meisten vergessen beim Gehen, wohin der Weg führt. (F 60)

Meine politische Einstellung läßt sich in einem Satz zusammenfassen: «Da es nur wenige Intelligente und sehr viele Dumme gibt, sollten die letzteren das Feld räumen.» (F 66) Ich gelte als Reaktionär, aber was die andern über mich denken, kümmert mich wenig. Mag ich auch ein Reaktionär sein, so gehöre ich doch nicht zu jenen, die zuerst eine Sache behaupten und sich dann selber widersprechen.

[7] Diogenes Laertios, a. a. O., IX 1, 1

Meine größte Begabung ist, in Zusammenhängen zu denken; meine angenehmste Seite, daß mir Machtgelüste fremd sind. Obwohl ich als Erstgeborener Anspruch auf den Titel *basileus* gehabt hätte, verzichtete ich zugunsten meines jüngeren Bruders.[8] Falls einer hier Nachhilfeunterricht braucht: Ein *basileus* übte zu meiner Zeit nicht nur das höchste priesterliche, sondern auch ein wichtiges politisches Amt aus, das sich am ehesten mit dem eines heutigen Ministerpräsidenten vergleichen ließe.

Ich kann mich noch gut an jenen Tag erinnern. Die hohen Würdenträger erwarteten mich im Palast des Archonten, aber ich ging in den Artemistempel, um mich mit den kleinen Jungen beim Würfelspiel zu vergnügen. Als dann die Boten kamen und mich tadelten, weil ich nicht erschienen war, sagte ich zu ihnen: «Was wundert ihr euch, ihr heilloses Gesindel? Ist dies nicht eine anständigere Beschäftigung als mit euch die Staatsgeschäfte zu führen?»[9] Aber es blieb mir ja auch eigentlich keine Wahl. Als Philosoph durfte ich weder nach Macht streben noch mir eine Verbesserung der menschlichen Rasse wünschen, weil dies ein Ding der Unmöglichkeit ist.

Außerdem hatten die Ephesier auch meine ganze Verachtung verdient. Ich kann ihnen nur wünschen, daß sie nie ins Elend geraten. (F 77) Denn welchen Gott sollten sie anbeten, wenn sie einmal den Gott des Geldes verloren haben? Haben sie denn nicht eines Tages Hermodoros nur deshalb verbannt, weil er zu anständig war? «Er ist so

[8] «Antisthenes führt als Zeichen seiner hohen Sinnesart in seinen Philosophenfolgen an, daß er zugunsten seines Bruders auf die amtliche Königswürde verzichtet habe.» Diogenes Laertios, a. a. O., IX 6

[9] Diogenes Laertios, a. a. O., IX 3

ehrbar», sagten sie, «daß wir neben ihm alle schlecht abschneiden, also soll er lieber gehen und anderswo leben.» Ach, wieviel besser hätten sie daran getan, sich vor diesem schändlichen Urteil allesamt aufzuhängen und die Regierung der *polis* den unmündigen Jungen zu überlassen.» (F 78)

Darius, der König der Perser, der sich gern mit Künstlern und Weisen umgab, lud mich eines Tages an seinen Hof ein. Ich habe sein Einladungsschreiben aufbewahrt, da es mir entlarvend für die Machthaber meiner Zeit erscheint:

König Dareios, Sohn des Hystaspes, entbeut dem Herakleitos, dem Weisen in Ephesos, seinen Gruß.
Du hast ein Buch geschrieben über die Natur, das schwer verständlich und schwer zu erklären ist... Bei dem meisten kommt man zu keinem sichern Urteil, so daß auch die größten Schriftgelehrten in Zweifel bleiben über die richtige Auslegung deiner Ausführungen. König Dareios, Sohn des Hystaspes, wünscht deiner Belehrung sowie griechischer Bildung teilhaftig zu werden. Mache dich also unverweilt auf, vor meinem Angesicht und in meinem königlichen Palast zu erscheinen... Jeden Tag findest du wohlgemeinte und ernste Ansprache sowie ein Leben, das deinen Grundsätzen entspricht.

Und hier meine Antwort:

Herakleitos, der Ephesier, entbeut dem König Dareios, des Hystaspes Sohn, seinen Gruß.
Alle, die hier auf Erden wandeln, bleiben der Wahrheit und Gerechtigkeit fern, hängen ihr Herz vielmehr an

Befriedigung ihrer Geldgier und Ruhmsucht infolge ihrer elenden Unwissenheit. Ich aber übe strenge Entsagung ... Darum kann ich mich nicht entschließen, nach dem Perserland zu kommen, denn ich bin mit wenigem zufrieden, wie es meinem Wunsche entspricht.[10]

Aber Darius gab sich nicht geschlagen. Sein Salon galt als der angesehenste der damaligen Zeit, ja er war wahrscheinlich der einzige, und dort hätte sich mir vielleicht die Gelegenheit geboten, über alle Themen zu reden, die meine Neugier erregen: das Werden, das Sein, das Wasser, das Feuer, kurz, über all jene Dinge, die Darius nie verstanden, die zu verstehen er aber immer behauptet hätte. Und da wollte ich nicht sein Komplize sein. Ich fühlte mich nur in meinen eigenen vier Wänden wohl und wollte nichts mit Höflingen und Speichelleckern zu tun haben.

Da appellierte der König der Perser an meine niedersten Instinkte. Er bot mir Gold, Silber und Frauen vom Typ derer im Club Méditerranée, so viele ich wollte. Aber ich habe geantwortet, daß mir genügte, was ich besaß, und daß mir jeder Überfluß zuwider sei. Er hat mich gewiß für überheblich oder zumindest unbedarft gehalten. Aber seine Meinung ließ mich kalt, denn jeder hat so seine eigene Art, und um eine Vorstellung von seiner Art zu geben, möchte ich eine kleine Geschichte über ihn erzählen.

Eine Königin namens Nitokris, die viele Jahre vor Darius gelebt hatte, ließ sich unter den Arkaden des größten Stadttores ihr Grab mauern und darüber folgende Inschrift anbringen: «Wenn einer der Könige von Babylon,

[10] Diogenes Laertios, a. a. O., IX 13

die nach mir kommen, in großer Geldnot ist, so möge er mein Grab öffnen und herausnehmen, soviel er mag. Ist er nicht in Not, so möge er es ja unberührt lassen und es aus keinem anderen Grunde öffnen.» Dieses Grab blieb jahrzehntelang unberührt, bis eines schönen Tages Darius kam. Er zögerte keinen Augenblick. Er ließ die Grabstätte öffnen und fand außer den sterblichen Überresten der Königin nur eine zweite Inschrift, auf der stand: «Wären deine Geldgier und dein Geiz nicht unersättlich, so würdest du keine Gräber öffnen.»[11]

Könige verstehen bekanntlich wenig oder nichts vom menschlichen Dasein, und alles, was sie nicht verstehen, verwirrt sie nur. Ein Mächtiger dieser Welt befahl eines Tages einem Maler, ihm ein Bild zu malen. Dieser nahm den Auftrag unter der Bedingung an, daß der König das Bild erst nach seiner Vollendung sehen dürfe. Es vergingen viele Jahre, ohne daß der Künstler das Bild ablieferte, bis der König schließlich die Geduld verlor und ihn an den Hof befahl.

«Ist das Bild bereit?» fragte er.

«Jawohl, es ist bereit, und zwar schon lange», erwiderte der Meister. «Nur du bist noch nicht bereit.»

«Wozu bereit?»

«Das Bild zu verstehen.»

«Das werde ich ja wohl selber entscheiden! Jedenfalls will ich jetzt sofort das Bild sehen!»

Also führte ihn der Maler in den Raum, in dem das Bild sich befand. Es war wundervoll und zeigte eine weite Landschaft mit wolkenverhangenen Bergen und Tälern,

[11] Herodot, a.a.O., I 187, 1

soweit das Auge reichte, und wirkte nicht zwei-, sondern dreidimensional.

«Herrlich!» rief der König aus. «Aber was soll denn daran so schwer zu verstehen sein? Merkwürdig ist vielleicht nur dieser Weg auf halber Höhe, hier an der Gebirgsseite. Wohin führt er denn?»

Der Meister antwortete nicht, er begab sich einfach auf diesen Weg und verschwand.[12]

Dank dieser Geschichte können wir verstehen lernen, daß die unsichtbare Harmonie schöner ist als die sichtbare. (F 7) Genauso ist es auch bei den Menschen, deren besserer Teil in den Falten der Seele verborgen ist. Die Natur liebt es nämlich, sich zu verbergen (F 57), und wir müssen sie aufspüren und ans Tageslicht bringen.

Überflüssig zu sagen, daß meine Gedanken den Ephesiern nicht paßten: Abkehr von materiellen Gütern, Gleichgültigkeit gegenüber dem Geld, Verzicht auf Essen, all dies klang ihnen wie Verwünschungen in den Ohren. Einmal bin ich heftig angegriffen worden, weil ich den Tyrannen Melankom überredet habe, seine Macht aufzugeben und in den Wäldern zu leben.[13] Aber er selber hat mir auf Knien gedankt, weil er nur durch diese natürliche Lebensweise ein wenig Glück gefunden hat. Hier in der Vorhölle gibt es auch einen Neapolitaner, einen gewissen Esposito, der unaufhörlich folgendes Lied singt: *«Basta ca ce sta'o sole, basta ca ce sta 'o mare»*, also: Hauptsache, wir haben die Sonne und das Meer, vom Rest wollen wir nichts wissen. Dieses Lied von Esposito hätte ganz bestimmt zur Nationalhymne meiner Landsleute getaugt, denn sie leb-

[12] Erzählt nach Bhagwan Shree Rajneesh

[13] Clemens Alexandrinus, *Stromata* 1, 65

ten immer schon nach jenen Idealen, die sich der Club Méditerranée heute aufs Banner geschrieben hat. Dazu möchte ich gleich noch eine Geschichte erzählen.

Ephesos wurde einmal lange Zeit von den Persern belagert, aber alle aßen und tranken weiter so, als wären die Vorräte unerschöpflich. Da ging ich voller Wut zur Volksversammlung, stieg wortlos auf die Empore, nahm aus einer Tasche eine Handvoll zerstoßener Gerste, vermischte sie mit Wasser und begann sie schweigend zu essen. Die Ephesier verstanden meine Botschaft und begannen von dem Tag an äußerst genügsam zu leben, was die Belagerer schließlich entmutigt abziehen ließ.[14]

Bias behauptet, daß die meisten Menschen schlecht seien, aber da irrt er sich. Die meisten Menschen sind nicht schlecht, sondern dumm, furchtbar dumm. Man braucht sich ja nur einmal an eine Straßenecke zu stellen und die Vorübergehenden zu beobachten. Bevor man da einmal ausrufen kann: «Endlich ein Mensch!» hat man schon mindestens bis zehntausend gezählt. (F 62) Es ist leicht, den anderen weiszumachen, man sei klug, schwierig ist nur, es auch mit Tatsachen zu beweisen. (F 63) Die Massen kann man leicht beeindrucken: Man braucht nur zu schreien, zu versprechen oder ihnen mit Prügel zu drohen, und schon folgen sie einem. Die Besten hingegen haben höhere Ziele, sie treffen eine bessere Wahl und entscheiden sich für den Ruhm (F 74), weil sie wissen, daß man das Unerhoffte nicht finden kann, wenn man nicht hofft. (F 118)

Aber leider sind die allermeisten Menschen dumm, und der Dumme wundert sich bekanntlich unablässig. (F 58)

[14] Themistios, *De virtute*, S. 40; Plutarch, *De garrulitate*, 511 b

Auf diese Weise verkümmern die Wahrheiten zu Meinungen, und die Meinungen werden Kinderspiele (F 59), was wirklich ein Sakrileg ist, da die Wahrheiten doch von den Göttern stammen. (F 55)

Mein Leben war geprägt durch meinen ewigen Kampf mit dem Wasser. Zum erstenmal kam ich als Junge damit in Berührung. Als ich zehn war, nahm mich mein Vater mit an den Fluß Klaseas und wollte unbedingt, daß ich schwimmen lernte.

«Da gehe ich nie hinein!» rief ich entschlossen aus.

«Warum denn nicht?»

«Weil ich Angst habe!»

«Aber ich war doch gerade drin!» entgegnete er und zeigte auf seine nassen Kleider.

«Mein Wasser wäre anders als deines.»

«Aber es ist doch derselbe Fluß!»

«Der Fluß ist vielleicht derselbe, das Wasser nie.» (F 17)

Aber das war ein viel zu kompliziertes Konzept für einen wackeren Mann wie meinen Vater. Er war an ehrliche Arbeit gewöhnt und hielt nichts von philosophischen Spekulationen. An Dinge, die er nicht mit Händen greifen konnte, glaubte er nicht. Und so machte er auch nicht die kleinste Anstrengung, mich zu verstehen, sondern packte mich am Arm und warf mich in den Fluß. Ich schluckte eine Menge Wasser, und von dem Tag an schwor ich, das Wasser und alles Feuchte und Wäßrige, das in der Natur vorkommt, zu hassen.

Es gibt nämlich nichts Gefährlicheres auf der Welt als das Wasser. Gegen die Erde, die Luft und das Feuer kann man sich recht und schlecht zur Wehr setzen, das Wasser hingegen ist unbesiegbar; es dringt in jede Ritze, in jeden noch so kleinen Spalt ein, und wo es eindringt, fängt alles zu faulen an. Wann zeigt ein Gehirn die ersten Anzeichen von Verwirrung? Wenn Wasser eindringt. Wann wird ein Mensch blöde? Wenn in seiner Seele mehr Wasser als Feuer ist. Wann beginnt eine Seele zu sterben? Wenn sie überschwemmt wird. (F 100)

Allerdings muß ich leider eingestehen, daß der Seele Feuchtigkeit gefällt. Sie planscht einfach gern im Wasser! (F 101)

Eines schönen Tages nun beschloß das Wasser, sich an mir für all das zu rächen, was ich in *Über die Natur* über es geschrieben hatte. Es drang in meinen Körper ein, und ich starb. Etwas ganz ähnliches scheint auch diesem schwachsinnigen Pythagoras passiert zu sein, allerdings waren es bei ihm die Saubohnen. Sein Leben lang hatte er die gehaßt, und dann mußte er ausgerechnet in einem Bohnenfeld sterben.

Aber um auf meine Einstellung zum Wasser zurückzukommen: Ich hatte mich schon seit längerem von der Gesellschaft in Ephesos und dem Lärm der Stadt in die Berge zurückgezogen. Diese Entscheidung hatte ich getroffen, um nicht länger die gleiche Luft wie die Dummen atmen zu müssen, und lebte nur von Pflanzen und Wurzeln. Der eine oder andere mag mich dafür tadeln, aber ich bin einfach allergisch gegen die menschliche Dummheit, so wie andere gegen Pollen allergisch sind. Vielleicht bin ich ein schlechter Mensch, aber wenn ich einem Dummkopf begegne, kann ich einfach nicht anders: Ich muß die Flucht ergreifen.

Also, wie gesagt, ich hatte mich in die Berge nördlich von Ephesos zurückgezogen und lebte da in völliger Freiheit. Eines schlimmen Tages entdeckte ich aber dann, daß

Das Wasser hingegen ist unbesiegbar; es dringt in jede Ritze, in jeden noch so kleinen Spalt ein.

M. C. Escher, Wasserfall

© 1995 M. C. Escher/Cordon Art – Baarn – Holland.
All rights reserved.

ich ganz aufgedunsen war.[15] Meine Haut begann sich zu spannen wie ein Weinschlauch. Ich aß und trank nichts und wurde trotzdem immer aufgedunsener. Kurz, ich hatte die Wassersucht. Nun war meine Meinung über die Ärzte ja schon immer die gewesen, daß sie nur schneiden und brennen und dafür auch noch Geld verlangen (F 116), aber als ich sie dann wie die Geier um mein Bett versammelt sah, konnte ich mich nicht enthalten, einfach in Rätseln zu sprechen. Ich fragte sie, ob einer von ihnen eine Überschwemmung in eine Trockenheit verwandeln könne.[16] Keiner hat mich natürlich verstanden, da habe ich sie alle weggejagt.

Schließlich fiel ich einem Scharlatan in die Hände. Der Schuft überredete mich, in einen Stall voller Mist zu gehen.

«Grabe dich in dem Mist ein», sagte er zu mir. «Du wirst sehen, dieser warme Mist zieht alle überflüssige Feuchtigkeit aus dir heraus.»

Und ich Narr habe auch noch auf ihn gehört! Ich betrat den Viehstall meines Vaterhauses und ließ mich bis zum Hals mit Kuhmist bedecken. Ich hielt gerade nur den Kopf aus dem Mist, um atmen zu können. Aber dann kamen die Hunde herein, meine Hunde! Und die haben mich nicht erkannt. (F 124) Die Jüngeren fingen zu bellen an. Schließlich sprang mir das Leittier, das ich am meisten geliebt habe, an den Hals und begann mich zu zerfleischen. Die anderen machten es ihm nach. Ich schrie so laut ich noch

[15] Diogenes Laertios, a. a. O., IX 3

[16] «Endlich wurde er des Zusammenseins mit den Menschen völlig überdrüssig, schied aus ihrer Gesellschaft aus und lebte einsam im Gebirge, sich von Gras und Kräutern nährend. Dadurch verfiel er der Wassersucht, kehrte in die Stadt zurück und fragte die Ärzte in rätselartigen Worten, ob sie aus Überschwemmung Dürre machen könnten.» Diogenes Laertios, a. a. O., IX 3

konnte: «Ich bin es, Heraklit, euer Herr!» Aber es half nichts, mein Körpergeruch, an dem sie mich hätten erkennen können, war völlig von dem Mistgeruch überdeckt. So gab es keine Rettung. Innerhalb weniger Minuten war ich zerfleischt und verschlungen. Und schuld daran war nur das Wasser!

V

Panta rhei

Heraklit war ein «Cartesianer» des sechsten vorchristlichen Jahrhunderts: Er glaubte an nichts, was sich nicht durch die Vernunft, durch den *Logos*, wie er sagte, beweisen ließ. In gewissem Sinne hat er die Kosmologen unserer Zeit vorweggenommen. Die Weltordnung wurde nicht von den Göttern, sondern vom ewig lebendigen Feuer geschaffen, sagte er. (F 28) Und von da zur Theorie des Urknalls ist es ja kein großer Schritt mehr.

Er schimpfte auf alle, die in den Tempeln beteten: «Und zu diesen Götterbildern beten sie, wie wenn jemand mit Häusern schwatzte, ohne eine Ahnung vom Wesen der Götter und Heroen zu haben.» (F 79) Auch wetterte er gegen jene, die Tiere opferten, um sich von den Sünden reinzuwaschen. «Sie reinigen sich vergeblich, indem sie sich mit Blut beflecken, wie wenn jemand, der in den Schmutz getreten ist, sich mit Schmutz abwaschen wollte.» (F 75)

Zu seinem Glück dachten die Ephesier nicht so wie die Athener, sonst hätte man ihm schnell einen Prozeß wegen Gotteslästerung gemacht. Heraklit war eben ein hundertprozentiger Rationalist, der die Menschheit in zwei große Kategorien einteilte: in Angeber und in Dumme. Unter die ersteren reihte er die Ärzte, Politiker, Priester, Seher und Händler ein. Unter die letzteren alle übrigen Menschen.

Dabei quälte ihn nur ein Zweifel, ob nämlich die Gruppe der Ausbeuter oder die der Ausgebeuteten schlimmer sei. Offensichtlich glaubte er weder an Ananke (die griechische Schicksalsgöttin) noch an all jene abergläubischen Vorstellungen, die von den Dichtern in die Welt gesetzt worden waren. Die schönste Welt ist wie ein planlos aufgeschütteter Kehrichthaufen, sagte er. (F 37) Sechzig Jahre später wurde Sokrates für weit harmlosere Erklärungen zum Tode verurteilt.

Heraklit wurde von allen *ho skoteinos*, der Dunkle, genannt, von Timon von Phlius als ein «Rätselersinner»[1] bezeichnet, weil kein Mensch etwas verstand, wenn er sich schon einmal herabließ, in der Öffentlichkeit zu reden. Sein erster Kritiker war ein gewisser Krates, der zu seinen Schülern von Heraklits Werk *Von der Natur* sprach und erklärte: «Lest es ruhig wenn ihr Lust habt, aber wenn ihr etwas verstehen wollt, müßt ihr tüchtiger sein als ein Taucher von Delos.»[2] Als wollte er damit sagen, daß nur ein Taucher, der es minutenlang unter Wasser aushält, eine solche Lektüre überstehen kann. Aristoteles ging noch strenger mit Heraklit ins Gericht und bezeichnete dessen Buch als ein «Verwirrspiel ohne Anfang und Ende».

«Unlesbar», urteilte der «Meister der Wissenden». Ihn störte vor allem, daß Heraklit keine Satzzeichen setzte und man nie wußte, ob sich ein Adjektiv auf das vorhergehende

[1] Timon bezeugt: «Unter ihnen erhob sich der Schreier, der Schmäher der Menge, / Herakleitos, der Rätselersinner.» Diogenes Laertios, a. a. O., IX 6

[2] «Kroton schildert in seinem Werk *Der Taucher*, ein gewisser Krates habe Heraklits Schrift zuerst nach Hellas gebracht und erklärt, es bedürfe einer Art delischen Tauchers, wenn man nicht an ihr ersticken wolle.» Diogenes Laertios, a. a. O., IX 12

Die schönste Welt ist wie ein planlos aufgeschütteter Kehrichthaufen.

M. C. Escher, Ordnung und Chaos
© 1995 M. C. Escher/Cordon Art – Baarn – Holland.
All rights reserved.

oder das nachfolgende Wort bezog.[3] Nehmen wir zum Beispiel den Satz: «Von der Rede die ist immer nicht intelligent die Menschen.» Ist nun die Rede immer oder sind die Menschen immer nicht intelligent?

Auch der Aristoteliker Demetrios übte mehr oder weniger die gleiche Kritik an Heraklit.

«Die Klarheit hängt von der Einfachheit der Worte und den Konjunktionen ab. Wenn diese fehlen, wie bei Heraklit, bleibt alles dunkel, und man weiß nicht, wo ein Satz anfängt und wo er aufhört.»[4]

Hingegen lesen wir in der *Anthologia Palatina* folgenden Rat:

«Entrolle das Buch des Heraklit von Ephesos nicht hastig bis zum Stab. Sein Weg ist sehr schwierig. Du wirst Dunkelheit und tiefe Nacht darin finden. Aber wenn dich ein Eingeweihter an der Hand führt, wird es für dich leuchtender als die strahlende Sonne.»[5]

Und was hat nun Heraklit so Bedeutendes gesagt, daß er in der Rangliste der Philosophen ganz oben steht? Von dem, was ich in der Schule gelernt habe, ist mir ehrlich gesagt nicht viel geblieben, denn damals habe ich mich fürs Abitur leichtsinnigerweise auf sogenannte «Präparationsheftchen» verlassen. Und auch diese waren mir noch zu ausführlich, so daß ich alles auf wenige Begriffe zusammenfaßte und auswendig lernte. Auf diese Weise wurde der

[3] «Was einer schreibt, muß leicht zu lesen sein, und dies erreicht man mit Hilfe vieler Konjunktionen... Dafür gibt Heraklit ein Beispiel, bei dem durch fehlende Satzzeichen unmöglich zu verstehen ist, ob ein Wort zu dem, was vorangeht, oder zu dem, was folgt, gehört.» Aristoteles, *Rethorica*, 1407b 11

[4] Demetrios, *De elocutione*, 192

[5] *Anthologia Palatina*, IX 540

arme Heraklit für mich «der mit dem Feuer», während sein Kollege Thales «der mit dem Wasser» war. Nicht besonders viel, wenn man bedenkt, daß beide zu den bedeutendsten Vertretern des vorsokratischen Denkens gehören, aber es reichte, um vor der Prüfungskommission ein paar Worte herauszubringen.

Mein Eindruck ist der, daß Heraklits Lieblingsthema weniger die Suche nach *arké* (dem Urelement, mit dem alles seinen Anfang nahm) war, obwohl er so oft über das Feuer spricht, als vielmehr *Panta rhei*, das heißt das Werden im ständigen Kampf der Gegensätze. Der Hauptunterschied zwischen den beiden Leitgedanken ist der, daß beim ersteren ein Sieger vorgesehen ist, nämlich das Feuer, während beim letzteren ein Kampf zwischen gleich starken Kräften stattfindet, wobei keine der beiden einen Vorteil davon hätte, die andere zu besiegen, da sie sonst selber auch nicht überleben könnte. Und damit schließe ich mich nun ausdrücklich der Meinung jener an, die in Heraklit vor allem den Philosophen des *Panta rhei* sehen.

Im Jahre 1613, hundertfünfzig Jahre vor Adam Smith, verfaßte Antonio Serra, ein Ökonom aus Cosenza, einen Traktat über das Thema, wie ein Land auch ohne Gold- und Silberminen reich werden kann.[6] Darin behauptet Serra, für den Wohlstand sei es weniger entscheidend, wieviel Gold sich unter dem Boden befindet, als mit welcher Geschwindigkeit es zirkuliert. Je lebhafter der Warenverkehr, desto größer die Chancen einer Gemeinschaft, reich zu werden. Nehmen wir zum Beispiel einmal an, es gäbe in diesem Staat nur einen einzigen Mann, Signor Mario, mit

[6] Antonio Serra, *Breve trattato delle cause che possono far abbondare li regni di oro e d'argento*, Neapel 1613

einer einzigen Goldmünze und daß dieser Mario die Münze Carlo für ein Paar Schuhe verspräche. Dann würde das Gold von Mario an Carlo und danach von Carlo an Antonio für eine andere Arbeit gehen, sagen wir für ein maßgeschneidertes Hemd. Die Münze wäre immer noch dieselbe, aber das Bruttosozialprodukt wäre bei jedem dieser Geschäfte gewachsen.

Das Konzept des «Mehrwerts» war für die damalige Zeit entschieden revolutionär. Schließlich war Amerika erst vor kurzer Zeit entdeckt worden, es gab noch kein Papiergeld, und jede Ware (einschließlich des Menschen) wurde in Goldunzen gehandelt. Und da taucht also dieser unbekannte Ökonom auf (übrigens aus dem Dunkel eines neapolitanischen Kerkers, in den er aus politischen Gründen geraten war) und behauptet in seinem Traktat, daß es weniger auf den Reichtum an Gold- und Silberminen als auf den schnellen Umlauf der Münzen ankomme. Und ganz ähnlich argumentiert auch Heraklit, wenn er über das Feuer sagt: Nicht das Feuer selbst ist das Entscheidende, sondern seine Fähigkeit, sich in jedes andere Element zu verwandeln. (F 24) Kurz, wie man es auch dreht und wendet, es geht immer um das Werden.

Die ganze heraklitische Theorie ist also auf dem Konzept aufgebaut, daß auch im kleinsten Teilchen des Universums ein gnadenloser Kampf zwischen zwei gegensätzlichen Kräften stattfindet. Diese Kräfte (wie immer man sie nennen mag: Eros und Eris, Amor und Discordia, Leben und Tod, Sein und Nichtsein, Gut und Böse, Kosmos und Chaos) sind immer feindlich, und nur ihnen allein verdanken wir unsere Existenz.

Genau betrachtet ist das italienische Wort *cosa* (Ding)

nicht nur das Anagramm von *caos* (Chaos), sondern auch von *caso* (Zufall), denn nur der Zufall bewirkt, daß das Chaos zum Ding wird und sich dann wieder in Chaos verwandelt.

Dabei ergreift Heraklit aber weder Partei für das Gute noch für das Böse, und wenn er sich überhaupt für etwas entscheiden müßte, dann wohl am ehesten für den Haß, denn der Haß und nicht die Liebe schafft die Gegensätze. Liebe und Frieden sind für ihn nur Synonyme für den Tod.

Die Natur steht keinen Augenblick still, sondern ist, von den Gegensätzen angetrieben, ständig im Fluß. Es gibt kein einziges beseeltes oder unbeseeltes Objekt auf dieser Welt, das sich nicht im Laufe der Zeit veränderte. Selbst jene Dinge, die auf den ersten Blick bewegungslos erscheinen, erleben bei genauerer Betrachtung doch eine Veränderung: eine eiserne Glocke rostet, ein Fels korrodiert, ein Baum wächst, ein Körper altert usw. *Panta rhei*, alles fließt. Dazu die folgenden Maximen:

«Wir steigen in denselben Fluß und doch nicht in denselben; wir sind und wir sind nicht.» (F 16)

«Ich verändere mich in dem Augenblick, in dem ich sage, daß sich die Dinge verändern.»[7]

«Unsterbliche sind sterblich, Sterbliche unsterblich: Die einen leben auf im Tod der andern und ersterben in ihrem Leben.» (F 4)

«Das Kalte wird warm, das Warme kalt, das Feuchte trocken, das Dürre naß.» (F 11)

Mit anderen Worten: Alles verwandelt sich, vielleicht zunächst nur in einer einzigen Zelle, aber die Verwandlung

[7] Seneca, *Epistulae*, 6, 6, 23

ist unaufhaltsam. Symbol des Werdens ist das Feuer, Auslöser jeder Verwandlung.

Heraklit wußte natürlich noch nichts vom zweiten thermodynamischen Hauptsatz (die Welt endet zwangsläufig im Hitzetod) und von der Atombombe, aber er hat bereits intuitiv erkannt, daß im Inneren der Materie soviel Energie verborgen ist, daß damit der ganze Erdball in die Luft gesprengt werden kann. Das Entropiekonzept, verstanden als Maß der Unordnung dank der Präsenz gegensätzlicher Kräfte, hätte ihn begeistert.

Gerade diese Vorliebe für das Werden adelt ihn in unseren Augen. Thales, Anaximander und Anaximenes waren ja genau betrachtet nur Physiker. Obwohl auch sie die Materie als lebendiges Wesen betrachteten, versuchten sie die Phänomene stets durch natürliche Gründe zu erklären. Ereignisse, die vorher schlechtgelaunten Göttern zugeschrieben worden waren (ein Platzregen zum Beispiel Zeus, eine Seuche Apollo, ein Erdbeben Poseidon), fanden bei ihnen rationalere Erklärungen, mehr nicht. Der «schwarzgallige Heraklit», wie ihn Theophrast nannte[8], gibt uns einen neuen Denkanstoß und macht im Vergleich zu seinen Vorgängern einen gewaltigen qualitativen Sprung. Das wirklich Neue an Heraklits Denken ist, daß er den Krieg nicht mehr als ein todbringendes Unheil sah, sondern als eine Lebensnotwendigkeit, ja als das Leben selbst: «Man muß aber wissen, daß der Krieg etwas Allgemeines ist und daß der Streit zu Recht besteht und daß alles durch Streit und Notwendigkeit entsteht.» (F 2)

So unglaublich es klingen mag, aber etwa um die gleiche

[8] Diogenes Laertios, a. a. O., IX 6

Zeit, vielleicht ein Jahrhundert früher oder später, fanden in Persien und im Fernen Osten ähnliche Vorstellungen Verbreitung. Als erster hatte Zarathustra die These aufgestellt, daß das Universum das logische Ergebnis eines gewaltigen Kampfes zwischen den guten und den bösen Geistern am Urbeginn der Zeiten sei. Hundert Jahre später deutete der Taoismus des Lao-tse und des Tschuang-tse die natürlichen Veränderungen als Folge eines täglichen Kampfes zwischen zwei gleichen Kräften: *yin* und *yang*.

Während Zarathustra den Mann zu den guten Geistern und die Frau zu den bösen zählt, stellt der Taoismus Mann und Frau auf eine Ebene: *yang* ist das beherrschende, das männliche Prinzip: Sonne, Feuer, Glanz, Härte, Wärme und Unternehmungslust; *yin* ist das nachgiebige, also das weibliche Prinzip: Mond, Wasser, Glanzlosigkeit, Weichheit, Kälte und Zaghaftigkeit.

Einige der Maximen des Lao-tse und Heraklits scheinen dem gleichen Geist entsprungen, aber es ist ausgeschlossen, daß sie sich gekannt und vielleicht voneinander abgeschrieben haben.

Lao-tse: «Wenn auf Erden alle das Schöne als schön erkennen, / so ist dadurch schon das Häßliche gesetzt. / Wenn auf Erden alle das Gute als gut erkennen, / so ist dadurch schon das Nichtgute gesetzt.» (Tao-te-king II)

Heraklit: «Krankheit macht die Gesundheit angenehm, Schlimmes das Gute, Hunger die Sättigung, Anstrengung die Ruhe.» (F 9)

Lao-tse: «Was du zusammendrücken willst, / das mußt du erst richtig sich ausdehnen lassen. / Was du schwächen willst, / das mußt du erst richtig stark werden lassen.» (Tao-te-king XXXVI)

Heraklit: «Der Weg aufwärts und abwärts ist ein und derselbe.» (F 15)

Was wäre die Welt ohne Kampf, so fragt sich Heraklit. Eine schreckliche lautlose und furchtbar langweilige Todeswüste. Viele andere haben nach ihm ähnliches gesagt. «Das Leben ist Bewegung», meinte Montaigne[9], «Ruhe ist Tod», ergänzte Pascal.[10] Keiner der beiden Widersacher darf je die Oberhand bekommen, denn sein Sieg würde gleichzeitig auch seine Niederlage bedeuten. Hätte Heraklit in den achtziger Jahren dieses Jahrhunderts gelebt, hätte er unseren christdemokratischen Politikern geraten, niemals das politische Gewicht der Kommunisten zu verringern. Genau betrachtet sind sie doch durch den Fall der Berliner Mauer und nicht wegen der Schmiergeldaffären von der Bildfläche verschwunden. In ähnlicher Weise ließe sich auch sagen, daß die Erotik durch die freizügigen Sitten ihren Reiz verloren hat.

Zwei griechische Begriffe sollen uns schließlich beim weiteren Studium Heraklits begleiten: *Kosmos* gleich Ordnung und *Chaos* gleich Unordnung. Das eine entsteht aus dem anderen und umgekehrt. Das Leben des Universums ist jener kurze Zeitraum, der zwischen zwei aufeinanderfolgenden Phasen des Chaos besteht. Der Kampf folgt einer Rationalität, die Heraklit gern als *Logos* bezeichnet, und damit wird es nun etwas schwierig, weil der Begriff *Logos* auf die verschiedenste Weise interpretiert werden kann. Ursprünglich bedeutete er nur «versammeln» oder «zusammenfügen», nachdem ihn aber die Philosophen für sich entdeckt hatten, nahm er der Reihe nach die verschie-

[9] Montaigne, *Essais*, III 13
[10] Pascal, *Pensées*, 350

densten Bedeutungen an: Wort, Rede, Sprache, Gedanke, Begriff, Vernunft, Sinn, Weltgesetz und schließlich sogar Gott.

Heraklit versteht *Logos* meiner Meinung nach als eine Art Schiedsrichter oder, besser gesagt, als ein höheres Gesetz, das den Kampf zwischen den Gegensätzen regelt, aber nicht göttlicher Natur ist. *Logos* ist also wie ein Atom ohne Kern, in dessen Inneren nur ein Elektron und ein Positron mit entgegengesetzten elektrischen Ladungen rasend schnell kreisen. Die meisten Menschen nehmen Heraklit zufolge den *Logos* nicht wahr: Sie erkennen ihn nicht einmal dann, wenn sie ihm auf der Straße begegnen, da sie sich nur von ihren Gefühlen leiten lassen. Kurz, obwohl sie wach sind, verhalten sie sich wie Schlafende, als wäre *Logos* nur ein Traum. (F 83)

Für die Stoiker hingegen, insbesondere für jene, die Heraklits Denken eine ethische oder religiöse Färbung zu geben versuchten, stellt *Logos* den Willen des Schöpfers dar, eine Art «glückliches Ende» zum Ausgleich für die zahllosen Leiden des Lebens.

Diese These ist aber angesichts der Tatsache, daß kein einziger vorsokratischer Denker von einer transzendenten Wesenheit oder wenigstens von einer immateriellen Essenz ausging, unhaltbar. Anaximander meinte mit seinem berühmten *apeiron* zum Beispiel keineswegs ein immaterielles Element (wie die Seele), sondern eine unendlich feine Materie. Und selbst Pythagoras verstand seine Zahlen als winzig kleine Materieteilchen mit einer bestimmten Dicke.

Heraklit hat durch seine «dunkle Art» selber nicht wenig dazu beigetragen, daß so vielfältige Deutungen überhaupt

Der Weg aufwärts und abwärts ist ein und derselbe.

M. C. Escher, Relativität

© 1995 M. C. Escher/Cordon Art – Baarn – Holland.
All rights reserved.

möglich waren. Seine Thesen waren sozusagen Wasser auf jedermanns Mühle. Daher rate ich auch allen Philosophiestudenten, ihn, selbst wenn sie ein ganz anderes Thema behandeln, in ihrer Doktorarbeit fleißig zu zitieren: Das hinterläßt einen guten Eindruck, und das Risiko ist gleich Null. Ob von Hegel, Hobbes, Spencer, Bergson, Heidegger, Nietzsche (vor allem von Nietzsche) die Rede ist, der «Dunkle» paßt immer, denn er hat alles gesagt und gleichzeitig auch das Gegenteil von allem.

Auch Heraklit hatte seine braven Schüler, und wie so oft in solchen Fällen, versuchten sie noch heraklitischer zu sein als der Meister. Während er gesagt hatte, daß man nicht zweimal im gleichen Fluß baden könne, meinte sein Lieblingsschüler Kratylos, daß man dies noch nicht einmal ein einziges Mal könne. Und da Kratylos von der Sinnlosigkeit jedes Gesprächs überzeugt war, blieb er einfach stumm, wenn man ihn etwas fragte. War er einverstanden, beschränkte er sich darauf, einen Finger (natürlich den kleinen Finger) zu bewegen, war er nicht einverstanden, verharrte er in Schweigen und starrte ins Leere, und nichts auf der Welt, nicht einmal ein Erdbeben, hätte ihn zu einer Reaktion bewegen können.[11]

[11] «Kratylos meinte, daß man den Dingen keinen Namen geben, sondern sich darauf beschränken solle, mit dem Finger auf sie zu zeigen, und tadelte Heraklit, weil er gesagt hatte, man könne nicht zweimal in denselben Fluß steigen. In Wirklichkeit, behauptete Kratylos, könne man auch nicht einmal hineinsteigen.» Aristoteles, *Metaphysik*, 1010 a 7

VI
Logos

Ich will mit Heraklit nach Amalfi fahren, aber er sträubt sich mit Händen und Füßen, in das Auto einzusteigen. «Niemals setze ich mich da hinein!» protestiert er.

Vergebens erinnere ich ihn daran, daß die Geschwindigkeit der maximale Ausdruck des Werdens ist und «der Blitz das Weltall steuert» (F 27): Er bleibt stur. Erst als mir die Idee kommt, den Automotor mit dem Feuer zu vergleichen, das «sich nach Maßgabe gewisser Umläufe entfacht oder verlöscht»[1], wird er neugierig. Er fragt mich, wie ein Wagen ohne Pferd so schnell fahren kann, und ich erkläre ihm, wie ein Verbrennungsmotor funktioniert. Er wird ganz euphorisch bei dem Gedanken, daß eine Flüssigkeit, nämlich das Benzin, sich unter bestimmten Umständen zuerst in Feuer und dann in Werden verwandelt, und möchte jetzt das Auto sofort ausprobieren. Aber als er dann sieht, wie die anderen Autos mit hoher Geschwindigkeit an uns vorüberflitzen und auch noch in entgegengesetzter Richtung, wird er blaß.

«Sie werden geboren, um zu leben und dem Tode zu verfallen» (F 19), murmelt er entsetzt und bedeckt sich das Gesicht mit einem Zipfel seiner Tunika.

[1] Heraklit zufolge ist Gott das zyklische und ewige Feuer, das periodisch aufflammt und verlöscht, während das Schicksal der Logos ist, der die Gegensätze in Bewegung hält. Vgl. Aetios, *Doxa*, I 7, 22

Die einzige Möglichkeit, ihn ein wenig abzulenken, ist, ihm das Panorama zu zeigen, das immer eindrucksvoller wird und sich nach jeder Kurve verändert.

«Des Wollkamms Bahn ist, obgleich gerad und krumm, ein und dieselbe» (F 13), ruft er begeistert aus.

«Also hast du deine Meinung über das Panorama doch geändert?»

«Seine Meinung zu ändern ist nicht nur erlaubt, sondern auch notwendig.»

Als wir dann kurz vor Amalfi, wahrscheinlich wegen eines Auffahrunfalls, der sich ein paar Kilometer vor uns ereignet hat, in einen Stau geraten und nur noch im Schrittempo vorankommen, sagt er verzagt:

«Alle Kreatur weidet unter Gottes Peitschenschlag.» (F 71)

Und einen Augenblick lang habe ich tatsächlich den Eindruck, am Himmel den Gott des Verkehrs mit einer kilometerlangen Peitsche in der Hand zu sehen, die er auf alle Autofahrer Italiens niedersausen läßt.

In Amalfi setzen wir uns am Korso auf die kleine Terrasse vor Gemmas Restaurant. Ringsum blühen Geranien, und auf jedem Tisch steht ein Glas mit einer Kerze. Wir sind die ersten Gäste. Franco, Gemmas Sohn, fragt Heraklit, was er zu essen wünsche.

«Ich möchte ein bißchen schwarze Sparta-Brühe», erwidert er, «zwei schön knusprige Scheiben *maza* und zum Schluß eine *sampsa*.»[2]

Der Junge sieht ihn verdutzt an. Das kann doch nur ein

[2] *Sampsa* war ein Fladen aus frischer grüner oder schwarzer Olivenpaste mit Kümmel, Anis und Fenchel. *Maza* hingegen eine Art Brot aus Gerstenmehl und Wasser. (Vgl. Nico Valerio, *La tavola degli antichi*, Mailand)

Des Wollkamms Bahn ist, obgleich gerad und krumm,
ein und dieselbe.

M. C. Escher, Bildergalerie
© 1995 M. C. Escher/Cordon Art – Baarn – Holland.
All rights reserved.

Verrückter sein, der sich in ein Leintuch gewickelt hat. Ich kläre ihn sofort darüber auf, daß der Herr hier fremd sei und unsere Spezialitäten nicht kenne. Und Heraklit erkläre ich dann anschließend, daß Brot und Teigwaren nicht mehr aus Gerste, sondern aus Weizen hergestellt würden, so daß es sinnlos sei, *sampsa, maza* oder andere Gerichte dieser Art zu bestellen. Was allerdings schwarze Sparta-Brühe sein soll, kann ich mir auch nicht vorstellen, daher bitte ich ihn, es mir zu erklären. Und er tut dies, nachdem er vor Heimweh aufgeseufzt hat: «Das ist eine Suppe aus Schweinefleisch, Speck, Essig, Pinienkernen, Zwiebeln, Sellerie und Thymian, wobei alles in dem Essig gekocht wird. Meine Mutter hat auch noch Karotten dazugetan.»

Speck, Zwiebeln und Pinienkerne zusammen und dann auch noch in Essig! Ich kann mir beim besten Willen nicht vorstellen, wie das schmecken soll. Aber das kümmert mich jetzt auch wenig. Ich bestelle einfach Spaghetti mit Tomatensauce.

«Die müßten ihm eigentlich schmecken», überlege ich. «Die Griechen haben immer gern Kohlehydrate gegessen.»

Aber als Franco sie ihm dann auf den Teller häuft, ist Heraklit gar nicht begeistert. Zuerst betrachtet er sie mißtrauisch, dann schnuppert er daran und schiebt sie schließlich weg, denn er ist überzeugt, daß die Tomaten geronnenes Blut sind. Aber ich rede so lange auf ihn ein, bis er sie schließlich probiert. Anfangs hat er ein bißchen Schwierigkeiten mit der Gabel, aber dann verschlingt er alles mit Heißhunger.

«Gut!» ruft er aus und schenkt sich Wasser ein.

«Möchtest du ein Bier?»

«Bier? Du hältst mich wohl für einen Ägypter?»

«Warum, trinkt ihr denn kein Bier?»

«Wir Griechen doch nicht. Nur Ägypter trinken Bier. Wir trinken Wasser und Wein, mehr Wasser als Wein, wenn wir arm sind.»

«Könnte ich vielleicht ein Interview mit dir machen?» frage ich.

«Was ist denn ein Interview?»

«Eine Reihe von Fragen, auf die du antworten kannst, wenn du willst.»

«Und verstehst du mich auch, wenn ich antworte?»

«Nun, ich hoffe.»

«Da bin ich nicht so sicher, aber wir können es ja versuchen.»

D: «Warum sagst du, daß Leben und Tod an sich ein und dasselbe sind?»

H: «Sie sind zwar verschieden, aber auch gleich, wie dies schon beim Bogen und der Lyra der Fall ist.»

D: «Was haben denn Bogen und Lyra damit zu tun?»

H: «Des Bogens Name ist Leben, sein Werk aber Tod. (F 12) Wenn du ihn spannst, erweckst du ihn zum Leben, wenn du ihn losläßt, säst du Tod. Und so ist es auch bei der Lyra, wo die Harmonie durch hohe und tiefe Töne erzeugt wird.»[3]

D: «Gut, aber auch wenn sie zusammenhängen, sind Leben und Tod doch nicht gleich ... oder zumindest nicht in allem. Zum Beispiel folgt auf das Leben der Tod. Aber das Gegenteil stimmt nicht. Auf den Tod folgt nicht Leben ...»

[3] *bia*, griech.: Bogen; *bios*: Leben

H: «Ich wußte es ja, daß du mich nicht verstehen würdest, obwohl du mich gehört hast. Du bist wie ein Tauber, auf dich trifft das Wort zu: ‹Sie sind da und sind doch nicht da›.» (F 53)

D: «Gut, gut, vielleicht bin ich nicht da, aber erklär mir doch bitte, wie aus dem Tod Leben entstehen kann!»

H: «Nach ihrem Tod erwartet die Menschen, was sie nicht erhoffen und sich noch nicht einmal vorstellen können.» (F 112)

D: «Danach mag ja geschehen, was will, vorher aber wirst du doch einen Lebenden von einem Toten unterscheiden können. Also zum Beispiel einen lebenden Angehörigen von einem toten Angehörigen?»

H: «Leben und Tod, Wachen und Schlafen, Jugend und Alter ist bei uns ein und dasselbe: denn dieses verwandelt sich in jenes und jenes wiederum in dieses.» (F 108)

D: «Sag mal, Heraklit, hast du diesen Film von Kubrik, *Odyssee 2001*, gesehen? Kannst du dich noch an den Schluß erinnern, als der Astronaut sich zuerst als Säugling und dann als Alten sieht?»

H: «Den Film von Kubrik? Was ist denn ein Film?»

D: «Na, lassen wir das. Ich glaube, daß du einfach gern Wortspiele machst. Aber wenn dir das so großen Spaß macht, möchte ich dir noch eine Frage stellen: Was denkst du über den Schlaf? Ist er nicht so eine Art Generalprobe für den Tod?»

H: «Keinesfalls: Tod ist, was wir im Wachen sehen; was aber im Schlaf, Leben.» (F 109)

D: «Dann meinst du also, das wahre Leben ist das, was wir träumen, und nicht jenes, das wir leben?»

H: «Ganz genau. Für die Wachenden gibt es nur eine

einzige und gemeinsame Welt. Im Schlafe aber wendet sich jeder seiner besonderen Welt zu.» (F 115)

D: «Aber du kannst doch beim besten Willen nicht leugnen, daß auch der Wache eine eigene Anschauung von der Welt hat. Oder meinst du vielleicht, der Mensch sei durch die Massenmedien so zu einem Herdentier gemacht worden, daß er seine eigene Welt nicht mehr von der der anderen unterscheiden kann, auch wenn diese noch so schlecht ist?»

H: «Ich weiß nicht, was Massenmedien sind. Aber der Mensch zündet sich in der Dunkelheit, wenn seine Augen versagen, ein Licht an: Im Leben rührt er an den Tod, im Wachen an den Schlaf.» (F 110)

D: «Bei uns macht der Mensch jeden Abend den Fernseher an ...»

H: «... und wird ein Toter, der zu leben glaubt. Aber versetzen wir uns doch in seine Lage. Um seinem Leben einen Sinn zu verleihen, muß er eine neue Existenz erfinden, und je verschiedener diese zweite Existenz ist, desto mehr wird er glauben, zu leben.»

D: «Selbst dann, wenn er eine Tragödie ansieht?»

H: «Je größer das Todesschicksal, das er als Zuschauer sieht, desto größer die Träume, die er als Lebender lebt.» (F 111)

D: «Du meinst, man wird ein Held durch heldenhaften Tod?»

H: «Und umgekehrt, der Held macht den Tod heldenhaft. Götter und Menschen ehren all jene, die von Ares niedergemäht werden.» (F 50)

D: «Wenn ich dich also richtig verstanden habe, glaubst du, daß die Extreme, also auch der erste Schrei und der

Der Seele Grenzen findest du nicht, auch wenn du alle Straßen wanderst; so tief reicht ihr vernünftiges Wesen.

M. C. Escher, Kubische Raumaufteilung
© 1995 M. C. Escher/Cordon Art – Baarn – Holland.
All rights reserved.

letzte Atemzug eines Menschen, immer miteinander verbunden sind. Ist diese Verbindung zwischen Leben und Tod vielleicht das, was wir Seele nennen?»

H: «Sicherlich, die Seele ist ja unendlich und berührt daher beide.»

D: «Sie wohnt also im Lebenden wie im Toten?»

H: «Der Seele Grenzen findest du nicht, auch wenn du alle Straßen wanderst; so tief reicht ihr vernünftiges Wesen.» (F 105)

D: «Nun, ich sehe, wenn du schon nicht an Gott glaubst, so glaubst du wenigstens an die Unsterblichkeit der Seele.»

H: «Das habe ich nicht gesagt. Auch die Seelen atmen früher oder später Hadesgeruch ein.» (F 113)

D: «Heißt das, daß sie sterben?»

H: «Nein, aber sie erreichen die letzte Schwelle. Die Seele stirbt nur, wenn sie sich mit Wasser anfüllt. (F 100) Wenn sie dagegen ausdünstet, wächst sie. (F 128) Und je größer in diesem Fall ihr Durst ist, desto weiser ist sie. Und wenn sie ganz trocken wird, ist sie die weiseste aller Seelen.» (F 103)

D: «Wie erklärst du dir dann, daß die meisten Seelen die sinnlichen Vergnügen den geistigen vorziehen?»

H: «Lust zu empfinden bedeutet für die Seelen, daß sie feucht werden und schließlich sterben. (F 101) Nach dem Vergnügen kommt als unvermeidliche Folge einer Überschwemmung der Tod.»

D: «Was wäre zum Beispiel eine feuchte Seele?»

H: «Die eines Betrunkenen. Ein Betrunkener wankt und weiß nicht, in welche Richtung er geht. Auch ein kleines Kind könnte ihn da leiten und irreführen.» (F 102)

D: «Wie kann der Mensch verhindern, daß seine Seele feucht wird?»

H: «Schwer zu sagen, weil es auch schwer ist, den Versuchungen zu widerstehen. Wenn der Mensch von Leidenschaft erfaßt wird, ist er zu jedem Kompromiß bereit, um seine niederen Instinkte zu befriedigen, auch wenn er dafür seine Seele verkauft.» (F 121)

D: «Natürlich nur, wenn er nicht weise ist. Aber wie viele sind überhaupt weise, und wie viele dumm? Ich meine jetzt zahlenmäßig. Oder, ich kann die Frage auch anders stellen: Wie viele trockene und wie viele feuchte Seelen gibt es?»

H: «Die meisten fressen sich voll wie das Vieh. (F 74) Die Wahrheit bleibt ihnen verschlossen. Sie verhalten sich wie jene Schlafenden, die wohl träumen, aber ihre Träume sofort wieder vergessen (F 80) und den *Logos* gar nicht wahrnehmen, weder bevor noch nachdem sie ihm begegnet sind.»

D: «*Logos*? Was ist *Logos*?»

H: «*Logos* ist das zum Denken begabte Feuer[4], dem alle zu gehorchen hätten. Aber leider ist fast keiner fähig, es zu erkennen, nicht einmal dann, wenn er das Glück hat, darauf zu stoßen.» (F 52)

D: «Also das ist mir jetzt zu hoch. Könntest du mir nicht mit etwas einfacheren Worten erklären, was der *Logos* ist?»

H: «Auf jede Frage gibt es nicht eine, sondern zwei Antworten, die in ständigem Kampf miteinander sind.

[4] «Heraklit von Ephesos, Naturphilosoph, behauptete, daß Zwietracht und Freundschaft das Prinzip aller Dinge und daß Gott denkbegabtes Feuer sei.» Hippolytus von Rom, *Refutatio omnium haeresium*, 9, 6

Als wären die Poren ein Balkon, der mitten ins Universum hinausragt.

M. C. Escher, Balkon

© 1995 M. C. Escher/Cordon Art – Baarn – Holland.
All rights reserved.

Wenn du dich von deiner Leidenschaft bestimmen läßt, wirst du die eine zum Schaden der andern vernachlässigen, wenn du dagegen vernünftig bist und den *Logos* gebrauchst, erkennst du, daß beide berechtigt sind und die Antwort unbeständig ist...»

D: «Was soll man also tun?»

H: «Man muß dem Allgemeinen folgen (F 83) und sich dessen bewußt sein, daß alles eins ist. (F 82) Eins ist die Weisheit, den Geist zu verstehen, der alles durch alle regiert.» (F 84)

D: «Also jetzt gebe ich es auf!»

H: «Du gibst es auf, weil du dich beharrlich auf deine Sinne verläßt, statt auf den *Logos*. Du besitzt zwei Instrumente, um zur Wahrheit zu gelangen, und hast das schlechtere gewählt.»

D: «Aber da ich doch keine Ahnung habe, was der *Logos* ist, wie soll ich ihn da gebrauchen?»

H: «Das ist ganz einfach: Der *Logos* ist schon in dir. Er ist eines schönen Tages mit dem Atem in deine Seele eingedrungen und kommt durch die Poren der Haut wieder zum Vorschein.»

D: «Durch die Poren der Haut...?»

H: «Ja, als wären die Poren ein Balkon, der mitten ins Universum hinausragt. Der *Logos* zeigt sich dort jeden Tag und urteilt, wobei er sich manchmal ausdehnt und manchmal kleiner wird.»

D: «Wie soll sich dieser *Logos* denn ausdehnen oder kleiner werden? Das verstehe ich wirklich nicht ganz.»

H: «Folge mir, dann wirst du verstehen. So wie die Kohlen sich entzünden oder verlöschen, je nachdem, ob die Flamme sie berührt oder nicht, wird auch unser Körper, je nachdem, ob er mit dem Feuer in Berührung kommt oder nicht, Teil des Ganzen oder nicht.»[5]

D: «Gut und schön, aber da ich in meiner gegenwärtigen Verfassung nun einmal auf meine fünf Sinne angewiesen bin, sag mir wenigstens, auf welchen von ihnen ich mich am besten verlassen kann.»

H: «Augen sind genauere Zeugen als die Ohren (F 87), aber natürlich nur bei einem Menschen mit Unterscheidungsvermögen. Den Barbaren hingegen sagen Augen und Ohren gar nichts, da der Irrtum weniger von den Sinnen als von der Seele kommt, und wenn die Seele dumm ist, da sie bereits von Wasser überschwemmt...» (F 88)

D: «Aber es gibt doch Dinge, die man nur mit den Sinnen wahrnehmen kann: Sex zum Beispiel...»

H: «... den kann man auch in der Vorstellung erleben. Die Wählerischsten gebrauchen ihre Phantasie, die Unbedarftesten geben sich mit dem Tastsinn zufrieden. Dasselbe läßt sich über die Gerüche sagen. Würden alle Dinge zu Rauch, so würde man sie mit der Nase wahrnehmen.» (F 86)

D: «Also empfiehlst du den Menschen, ihre Sinne nicht zu gebrauchen?»

H: «Sich auf seine Sinne zu verlassen, ist, als wolle man die Natur nicht unmittelbar, sondern in einem Wasserspiegel sehen.»

[5] «Diese Worte dringen, Heraklit zufolge, durch den Atem in uns ein, und von ihnen haben wir die Fähigkeit zu denken. Während wir im Schlafe in den Lethe getaucht sind und die Verbindung mit der Natur verlieren. Beim Erwachen hingegen blicken wir durch die Poren wie durch Fenster hinaus, nehmen die Verbindung mit der Außenwelt wieder auf und erwerben die Fähigkeit zur Rede zurück.» Sextus Empiricus, *Adversus mathematicos*, VII, 126 ff.

Sich auf seine Sinne zu verlassen, ist, als wolle man die Natur nicht unmittelbar, sondern in einem Wasserspiegel sehen.

M. C. Escher, Gekräuselte Wasserfläche

© 1995 M. C. Escher/Cordon Art – Baarn – Holland.
All rights reserved.

D: «Die Götter sind unsichtbar, und doch haben alle eine Vorstellung von ihrem Aussehen, wie erklärst du dir das?»

H: «Gewisse Dinge gibt es, auch wenn sie sich sinnlich nicht fassen lassen. Der Himmel zum Beispiel ist da, und doch ist es bis jetzt noch keinem gelungen, ihn mit den Händen zu berühren. Für die einen ist er ewig und unvergänglich, für die andern hingegen erschaffen und auflösbar. Und wieder andere glauben, daß er immer wieder vergeht und neu entsteht.» (F 129)

D: «Aber wenn der Himmel erschaffen worden ist, muß es doch auch einen Schöpfer geben. Und wenn dieser ein Gott ist, wo befindet er sich dann deiner Meinung nach?»

H: «Den Priestern zufolge ist er an jedem Ort, aber ich mache mir darüber keine Gedanken, oder vielmehr, es ist ganz unnötig. Er weiß schon alles über mich, und ich könnte meine Gedanken nicht vor ihm verheimlichen, da es unmöglich ist, sich vor dem zu verbergen, was nie untergeht.» (F 44)

D: «Also glaubst du an Gott?»

H: «An mehr als einen: Der Mensch ist verglichen mit der Gottheit wie der schönste Affe verglichen mit dem Menschen (F 43), und dasselbe läßt sich auch über seine Intelligenz sagen; gemessen an Gott hat er ein Gehirn wie ein Kind. (F 42) Aber trotz dieser Grenzen wird eines schönen Tages das Feuer über alles richten, alle Dinge, die Menschen und die Götter heimsuchen und alles verschlingen.» (F 26)

D: «Was mir an dir nicht gefällt, o großer Heraklit, ist, daß du nie auch mal scherzen kannst. Alles sagst du tiefernst. Kannst du die Dinge nicht auch ein wenig leichter nehmen und mal darüber lachen?»

H: «Es ist nicht zuträglich, wenn andere über einen lachen, wie manchmal über Demokrit, und auch bei dir ist das leider oft der Fall.»

Genau in diesem Augenblick bringt mir Franco die Rechnung.

«Was ist das?» fragt Heraklit.

«Die Rechnung», erwidere ich. «Wir müssen für das bezahlen, was wir hier gegessen haben.»

Darauf nimmt er den Zettel und hält ihn an die Kerze.

«Alles verwandelt sich in Feuer», erklärt er, während die Rechnung verbrennt.

VII

Polis

Nach dem Essen gehen wir ein bißchen im Ort spazieren. Heraklit bleibt alle paar Meter stehen: die beleuchteten Schaufenster, die Neonschilder, der Polizist mit der Trillerpfeife, ein Fahrrad, ein plärrender Radioapparat – alles erweckt seine Neugier. An der Ecke des Domplatzes sieht er eine Verkehrsampel und ist gleich ganz begeistert. Das Grün und das Gelb gefallen ihm zwar nicht, aber das Rot erfüllt ihn mit Freude. Am liebsten würde er sich von dort nicht mehr wegrühren.

«Es bringt einen zum Nachdenken», sagt er, und ich kann ihn nur mit Mühe weglotsen.

Daß er hier in einer bodenlangen Tunika herumgeht, wundert niemanden: Amalfi ist nicht weit von Positano, und «die aus Positano» sind, was sommerliche Kleidung betrifft, zu allem fähig, auch dazu, im Nachthemd aufzukreuzen.

Am vergangenen Sonntag sind in Amalfi Gemeindewahlen gewesen. An den Wänden hängen noch Wahlplakate:

FORZA ITALIA, WEITER MIT DEM FORTSCHRITT,

Trikolore-Fahnen, riesige Buchstaben, Porträts lächelnder Politiker. Heraklit betrachtet sie verständnislos. Also erkläre ich ihm unseren Wahlmechanismus in allen Einzelheiten, Verhältniswahl, Mehrheitswahl...

D: «Was findest du gerechter?»

H: «Die Frage ist so nicht richtig gestellt: Wir sollen nicht das gerechtere, sondern das nützlichere System finden.»

D: «Gut, also welches ist das nützlichere?»

H: «Ganz sicher das Mehrheitswahlsystem, weil es die Gegensätze stärkt.»

D: «Da bin ich anderer Meinung. Ich habe eine Schwäche für die Minderheiten, und die werden durch die Mehrheitswahl verdrängt. Aber einmal abgesehen von der Theorie der Gegensätze, warum soll denn die Mehrheitswahl nützlicher sein als die Verhältniswahl?»

H: «Weil sie sich leichter handhaben läßt und für ein unwissendes Volk geeigneter ist.»

D: «Und wie ist das italienische Volk?

H: «Unwissend.»

D: «Danke.»

H: «Bitte.»

D: «Kann denn ein Volk nicht auch wachsen und schließlich mit etwas mehr Sachverstand wählen?»

H: «Wichtig ist, daß immer der *Logos* entscheidet.»

D: «O weh, da sind wir wieder beim *Logos*!»

H: «Ich will es dir genauer erklären: der *Logos*, das zum Denken fähige Feuer, verkörpert in einem Wahlkampf die Vernunft. Seine Feindin ist die Leidenschaft. Jeder ist sein eigener Dämon. (F 119) Je größer die Leidenschaft in einer *Polis*, desto drohender die Gefahr für ihre Bewohner. Vergessen wir nicht den Denkspruch: ‹Übermut muß man noch mehr dämpfen als Feuersbrunst›. (F 72) Wenn also die Leidenschaft über das erlaubte Maß hinausgeht, muß der *Logos* sie zügeln. Er entzündet und dämpft die beteiligten Kräfte je nach Bedarf.[1] Übrigens, wie heißen denn die gegensätzlichen Kräfte in deiner *Polis*?»

D: «Rechte und Linke oder, wenn du lieber willst, Polo della Libertà und Polo Progressista. Allerdings nennen sie sich selber gegenseitig ‹Faschisten› und ‹Kommunisten›, einfach, um sich zu beleidigen, und das ist, glaube ich, Wahlterror.»

H: «Was bedeutet denn ‹Faschist› und ‹Kommunist›?»

D: «Nun, das ist gar nicht so einfach zu erklären. Man kann es nämlich instrumental oder historisch sehen.»

H: «Versuche es doch!»

D: «Ich beginne mit den instrumentalen Definitionen. Der Faschist ist ein Gesetzesverletzer, einer, der dich nie zu Wort kommen läßt. Scheinbar will er die Ordnung, strebt aber in Wirklichkeit nach Tyrannei. Der Kommunist hingegen ist ein Umstürzler. Angeblich will er Gleichheit, tatsächlich möchte er aber nur die enteignen, die in diesem Augenblick mehr Geld haben als er.»

H: «Verstehe. Der eine ist rechthaberisch, der andere neidisch.»

D: «Aber beide haben schon eine lange Geschichte. Der Faschismus wurde vom Cavaliere Benito Mussolini erfunden, einem italienischen Diktator, der 1945 starb. Der mächtigste Vertreter des Kommunismus hingegen war ein russischer Diktator namens Stalin, der vor vierzig Jahren starb.»

H: «Leichname sind wertloser als Dünger.» (F 123)

D: «Jedenfalls begeben sich die Leute jeweils aus Angst vor dem einen in das Lager des anderen.»

[1] «Es entflammt sich und verlischt nach Maßgabe gewisser Umläufe.» Simplicius, *De caelo*, 294, 4

H: «Es ist sehr gefährlich, wenn man nicht mit Vernunft entscheidet, sondern seiner Leidenschaft folgt oder, noch schlimmer, den Haß ins Spiel bringt. In einer solchen *Polis* lassen sich die Bürger mehr von ihren Gefühlen als von ihrem Verstand leiten, und auf diese Weise sind Freiheit und Fortschritt keine ökonomischen Modelle mehr, sondern bedeutungslose Aushängeschilder.»

D: «Und mit dem *Logos*?»

H: «Wären die Rechte und die Linke nichts anderes als die Rechte und die Linke.»

D: «Sie würden also nicht auf die Gefühle pochen?»

H: «Genau, sie würden einfach nur den auf die Ökonomie angewandten Egoismus beziehungsweise die Solidarität verkörpern: ersterer ein Sohn von Eris, letztere eine Tochter von Eros.»

D: «Das mußt du mir genauer erklären.»

H: «Der Egoismus hat eines Tages den Markt erfunden, das heißt einen erbarmungslosen Mechanismus, der den Menschen zwingt, auf die Schultern der anderen zu steigen, wenn er den Gipfel erreichen will. Wer in einer solchen Gesellschaft überleben will, muß erfinderisch sein und darf keine Skrupel haben. Auf diese Weise wird er reich und macht ohne es zu wollen auch seine *Polis* reich. Daß in diesem Kampf die Schwächsten auf der Strecke bleiben, gehört eben dazu. Der Markt ist nicht für sie gemacht, sollen sie ihr Glück anderswo suchen!»

D: «Das wäre also die Rechte. Klingt nicht eben großartig.»

H: «Ist es auch nicht. Am entgegengesetzten Pol steht Eros, der Gott der Liebe und der Solidarität. Eros hilft den Schwachen und versorgt alle mit dem Notwendigsten. Wie eine große Mutter garantiert der Staat den Unterhalt jeder Familie. In einer solchen Welt, in der jeder Ansporn fehlt, entwickelt sich der normale Mensch zu einem trägen Parasiten, und so wird auch die *Polis* arm.»

D: «Da kommt die Linke aber auch nicht gut weg. Deiner Meinung nach lassen sich die Probleme einer Gemeinschaft also mit keinem dieser beiden Modelle lösen.»

H: «Mit beiden gemeinsam schon, allerdings nur, wenn sie entsprechend vom *Logos* bestimmt werden. Der *Logos* nämlich wird hier die Rechte zügeln und da die Linke anspornen und auf diese Weise für das richtige Maß sorgen.»

D: «Damit drängt sich mir nun eine Frage auf: War Heraklit eigentlich rechts oder links?»

H: «Ich rede und rede, und du hörst mir nicht zu. Du bist da und doch nicht da. (F 53) Dein Problem, junger Freund, ist, daß du mich unbedingt in eine Kategorie stecken willst, wobei dir aber in deiner Unbedarftheit nichts anderes einfällt, als die Menschheit in Rechte und Linke einzuteilen.»

D: «Warum, was habe ich denn jetzt so Schlimmes gesagt?»

H: «Nun, wenn du mich fragst, welcher Partei ich angehöre, dann beweist das doch, daß du überhaupt nichts von dem verstanden hast, was ich dir gesagt habe. Einer Partei anzugehören bedeutet doch, daß man an etwas glauben muß, und ich glaube nun einmal nur daran, daß ich nichts glaube. Deshalb kann meine Antwort auch nur so lauten: Ich bin gleichzeitig rechts und links, da es die Rechte ohne die Linke nicht gäbe und da auch die Linke ohne die Rechte nicht denkbar ist. Meiner Ansicht nach schafft die

Linke im gleichen Augenblick die Rechte, in dem die Rechte die Linke schafft, nur beide zusammen schaffen die Harmonie.» (F 5)

D: «Verstehe, ungefähr so wie bei der Dusche.»

H: «Was ist denn eine Dusche?»

D: «Eine hydraulische Einrichtung, mit der man sich waschen kann und die zwei Hähne hat: einen für heißes und einen für kaltes Wasser. Wenn man abwechselnd an den beiden Hähnen dreht, kann man die richtige Temperatur einstellen. Aber die eigentliche Frage ist doch, wer soll die Hähne betätigen?»

H: «Der Betätiger.

D: «Und möchtest nicht du der Betätiger sein?»

H: «Ich bin nicht der *Logos*, und außerdem habe ich keine Achtung vor den Politikern. Ich betrachte sie als niedere Wesen: Sie lassen sich allzusehr von der Macht verlocken, sind immer nur aufs Hauen und Stechen aus und reißen alles an sich. Was für ein Unterschied zu den Philosophen, die immer den Tod bedenken!»

D: «Was ist aber die Macht?»

H: «Eine jener Begierden, für die der Mensch sogar seine Seele verkauft. (F 121) Als junger Mann war ich Hoplit und kämpfte gegen die Perser. In unserer Phalanx gab es einen gewissen Herastos, dem es eine wahre Lust bereitete, seine Untergebenen zu quälen. Er war kein General, sondern befehligte nur fünf Leute, aber unter denen verbreitete er ständigen Schrecken ...»

D: «... wie bei uns die Feldwebel.»

H: «Gut, dann möchte ich es so ausdrücken: Entweder ist einer ein Mensch oder ein Feldwebel!»

D: «Das hat Totò auch gesagt.»

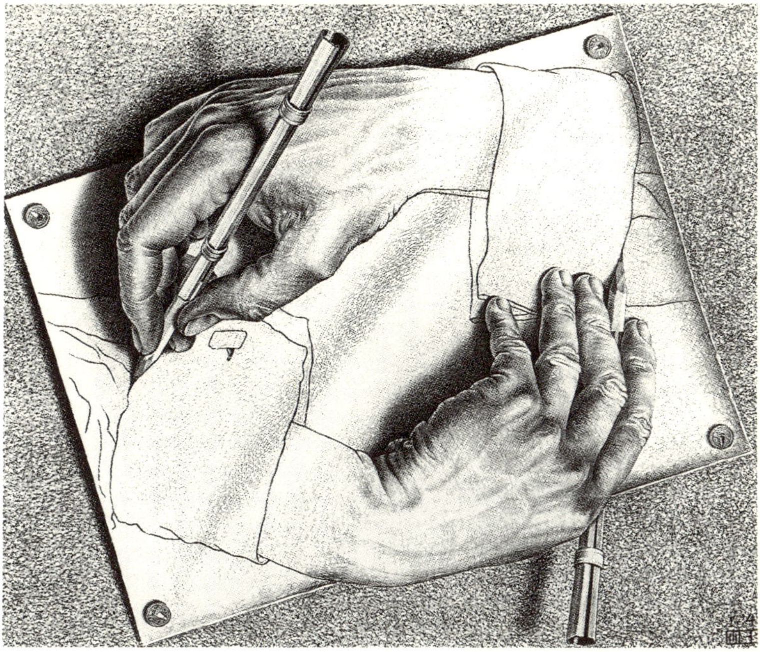

Die Linke schafft im gleichen Augenblick die Rechte,
in dem die Rechte die Linke schafft.

M. C. Escher, Zeichnen
© 1995 M. C. Escher/Cordon Art – Baarn – Holland.
All rights reserved.

H: «Noch ein Philosoph?»

D: «Nun ja, in gewissem Sinne schon ...»

H: «Kurz, so wie es die Gier im Geschlechtlichen gibt, gibt es auch die Machtgier, nur daß diese noch viel stärker ist. Um zu verhindern, daß die Politiker allzu machtgierig wurden, hat Solon in Athen vor vielen Jahren statt der Wahl das Los eingeführt. Das war meiner Meinung nach eine gerechte Sache: Auch die Götter sollen bei der Wahl der Archonten mitverantwortlich sein!»

D: «Erzähl mir das genauer. Welche Verfassung hat Solon den Athenern gegeben?»

H: «Er teilte die Bürger entsprechend ihres Vermögens in vier Klassen ein: die Pentakosiomedimnen, die Hippeis, die Zeugiten und die Theten. Das heißt in Reiche, etwas Reiche, etwas Arme und Arme.[2] Jede Klasse sollte zehn Namen aufstellen, unter denen das Los entschied.»

D: «Wie wurde das gemacht?

H: «Man schrieb die Namen der Kandidaten auf Wahlkügelchen und ließ von einem Jungen mit verbundenen Augen die neun Namen jener Männer ziehen, die die *Polis* regieren sollten.»

D: «Und wie hat das funktioniert?»

H: «Nicht besonders gut: Solon ging, nachdem er die Verfassung ausgearbeitet hatte, nach Ägypten, und die reichsten Athener haben diese sofort zu ihren Gunsten geändert. Die Armen wurden vom Los ausgeschlossen, und die übrigen Klassen gründeten drei Machtgruppen ...»

D: «Also praktisch die Rechte, das Zentrum und die Linke?»

[2] Aristoteles, *Staatsverfassung der Athener*, VII 3

H: «Ganz genau. Die Rechte wurde von einem gewissen Lykurg angeführt, einem sehr mächtigen Politiker, der die reichsten Männer Athens auf seiner Seite hatte. Das Zentrum wählte Megakles zum Anführer und die Linke, das heißt die Partei der fast Armen, Peisistratos.»

D: «Und am Ende hat dann Lykurg über alle geherrscht?»

H: «Nein, denn Peisistratos heiratete die Tochter des Megakles, und nachdem sie auf diese Weise Verwandte geworden waren, verbündeten sich die beiden und entmachteten Lykurg.»

D: «Wenn Occhetto und Martinazzoli das gewußt hätten, hätten sie es vielleicht ebenso gemacht.»

H: «Wer sind denn die?»

D: «Die waren in Italien die Führer der Zentrumspartei und der Linken. Als sie die Wahlen verloren hatten, traten beide zurück. Wenn sie sich aber geeinigt hätten, hätte Occhetto die Tochter Martinazzolis geheiratet und Berlusconi mit Hilfe der Christdemokraten in die Minderheit gedrängt.»

H: «Wer ist Berlusconi?»

D: «Unser gegenwärtiger Ministerpräsident.»

H: «Du meinst, der Archont?»

D: «Richtig.»

H: «Das hätte aber dennoch nicht viel geändert. All die verschiedenen Occhettos und Berlusconis wollen doch nur eines: die Macht.»

D: «Aber es wird doch schließlich auch noch Idealisten geben...»

H: «Wahrscheinlich, aber auch sie geben früher oder später ihrem Machtgelüst nach. Ich stelle mir dieses Machtgelüst immer wie ein Ungeheuer vor, das tief in der Seele lauert. Also wenn ein Politiker Archont werden will...»

D: «Ministerpräsident.»

H: «Wenn er Ministerpräsident werden will, weiß er genau, daß er Anhänger braucht und daß er diese Anhänger nur bekommen kann, wenn er eine Idee vertritt.»

D: «Etwa die Freiheit oder den Fortschritt?»

H: «Genau: Freiheit, Gleichheit, Brüderlichkeit ziehen immer, sie sind gleichwertig. Die Ideen sind nichts anderes als Vorwände, ein Mäntelchen, das man sich im geeigneten Augenblick umhängt. Den größten Erfolg hat man gewöhnlich mit Gott, Nation und Gerechtigkeit. Auf diese Weise entstehen die religiösen Strömungen, die nationalistischen Bewegungen und die sogenannten sozialistischen Parteien.»

D: «Und das Volk merkt nicht, daß es betrogen wird?»

H: «Dike wird früher oder später die Lügenschmiede ergreifen.»

D: «Wer ist denn Dike?»

H: «Die Göttin der Gerechtigkeit.»

D: «Nun, bei uns dauert es meist ziemlich lange, bis Dike eingreift. In der Zwischenzeit hat der von dir erwähnte Vorwand seine Getreuen schon reich gemacht.»

H: «Ja, aber mit einem Vorwand allein kann man noch keine Massenpartei bilden. Dazu braucht man auch einen Feind. Je dümmer das Volk ist, desto dringender braucht es einen Feind, gegen den es seinen Haß richten kann.»

D: «Gilt das auch dann, wenn sich der Feind innerhalb einer Koalition befindet? In Italien zum Beispiel herrscht weder innerhalb des Polo Progressista noch innerhalb des Polo della Libertà immer Einigkeit.»

H: «Das ist der Fall, wenn in einem Bündnis das Prinzip des Werdens mißachtet wird, wenn sich also keine Meinungen bilden können. Auch der Gerstentrank zersetzt sich, wenn man ihn nicht umrührt.» (F 18)

D: «Der Gerstentrank, was ist denn das?»[3]

H: «Eine Medizin.»

D: «Ja, aber hier geht es ja nicht um eine Medizin, sondern um Menschen. Auf der einen Seite herrscht die Angst vor dem starken Mann, und auf der anderen Seite fürchtet man um die Stabilität der Regierung.»

H: «Eines dürfte klar sein: Es ist gar nicht gut für die Menschen, wenn ihnen alles zuteil wird, was sie wollen. (F 120) Unbeständigkeit sollte einen nicht so sehr erschrecken, sondern auch optimistisch stimmen, denn sie ist immer der Beweis dafür, daß es eine starke Opposition gibt. Einem einzigen Manne zu gehorchen, obwohl dies Gesetz sein kann (F 73), ist für eine *Polis* nicht unbedingt das Ideale, es sei denn, der entsprechende Mann ist das Feuer selber, was aber ziemlich unwahrscheinlich ist, denn ich bin ja gestorben. Also ist es besser, auf die Gegensätze zu bauen und zu hoffen, daß, wie ich schon sagte, daraus die schönste Harmonie entsteht.» (F 5)

D: «Wenn es weise sein soll, in Unbeständigkeit zu leben, dann sage ich: Es lebe die Anarchie!»

H: «Keinesfalls, denn ohne Gesetze gäbe es auch keine Gerechtigkeit.» (F 125)

D: «Also meinst auch du, daß die Gesetze nötig sind?»

[3] Der Gerstentrank, *kykeon*, galt als Medizin und wurde während der eleusischen Mysterienspiele getrunken. Er bestand hauptsächlich aus Wasser, Gerstenmehl und Pfefferminzsaft. Wenn er nicht ununterbrochen mit einem Stöckchen umgerührt wurde, zersetzte er sich, und das Mehl schwamm an der Oberfläche.

H: «So nötig wie die Mauer der *Polis.*» (F 126)

D: «Und braucht man, um die Mauer zu verteidigen, außer Kraft nicht auch Leidenschaft?»

H: «Du meinst, Vaterlandsliebe?»

D: «Ja, vor allem dann, wenn die Freiheit des einzelnen auf dem Spiel steht.»

H: «In bestimmten Grenzfällen wohl schon. Manchmal muß man sogar zu den Waffen greifen. Aber bei alltäglichen Angelegenheiten genügt es, einzusehen, daß es Gegensätze gibt. Da reicht es, sich nicht von seiner Leidenschaft leiten zu lassen.»

D: «In der Politik vielleicht, aber wie ist es in der Kunst? Gibt es überhaupt Kunst ohne Leidenschaft?»

H: «Nun, dies ist schon ein schwierigerer Fall! Die Kunst wird von den Musen verwaltet, den Töchtern von Zeus und Harmonie. Sie stehen dem Denken in all seinen Formen vor. Sie kümmern sich um die Dichtung, die Mathematik, die Astronomie, die Lyrik, den Tanz, die Pantomime, das Flötenspiel, die Tragödie und die Komödie. Aber es gibt zwei Gruppen von Musen, die thrakischen und die vom Helikon. Die ersteren unterstehen Apollon, die letzteren Dionysos, und damit sind wir wieder bei der Theorie der Gegensätze.»

D: «Auch in der Kunst?»

H: «Ja, denn Apollo ist der Wächter des *Logos*, während Dionysos der Wächter des Wahnsinns ist.»

D: «Und welchen von beiden magst du lieber?»

H: «Zweifellos Apollo, aber ich muß einräumen, daß es ohne Dionysos kein Meisterwerk geben kann. Seine Bedeutung ist so groß, daß man ihm sogar seine Exzesse nachsehen muß, wie zum Beispiel, daß auf Prozessionen zu seinen Ehren gewisse anatomische Teile des menschlichen Körpers herumgetragen werden, die anständige Leute sich gewöhnlich schämen, öffentlich zur Schau zu stellen.» (F 49)

D: «Also können Apollo und Dionysos auch zusammenarbeiten? Etwa wie zwei Drehbuchautoren verschiedener Herkunft?»

H: «Ich weiß nicht, was Drehbuchautoren sind. Ich weiß nur, daß ein Kunstwerk, wenn es wirklich erhaben sein soll, sowohl apollinisch als auch dionysisch sein muß.»

D: «So etwas Ähnliches hat auch Nietzsche gesagt.»

H: «Welcher Nietzsche?»

D: «Ein Philosoph unserer Zeit. Er schrieb, daß die Entwicklung der Kunst durch den Einfluß sowohl Apollos als auch Dionysos' entsteht, und sprach von den widerstreitenden Impulsen, die miteinander kämpfen und sich gegenseitig anstacheln.»[4]

H: «Nicht übel, dieser Nietzsche, den würde ich gern kennenlernen. Wo finde ich ihn?»

D: «Ich weiß nicht, vielleicht im Paradies, vielleicht aber auch in der Hölle. Ganz sicher nicht im Fegefeuer. Er war nicht fürs Mittelmaß. Jedenfalls, wenn er in der Hölle ist, findest du ihn dort, wo das Feuer am heißesten ist.»

H: «Der Glückliche! Und mich haben sie mitten in die Vorhölle versetzt!»

D: «Wie ist es denn in der Vorhölle?»

H: «Langweilig, sogar Aristoteles ist da!»

[4] Nietzsche, *Die Geburt der Tragödie*, S. 1ff.

VIII
Eros

Wir setzen uns wieder ins Auto, um nach Positano ins Hotel San Pietro zu fahren. Inzwischen ist es dunkel geworden, und die Scheinwerfer der entgegenkommenden Autos beleuchten Heraklits Gesicht, was ihm ein merkwürdig satanisches Aussehen verleiht. Der Philosoph sagt nichts, aber es ist ihm anzumerken, daß ihm der Verkehr nicht behagt.

Ich versuche, ihm das Phänomen zu erklären.

«Das Auto ist heute wie ein Teil unseres Körpers. Wenn man keines hat, ist es, als fehlte einem ein Bein. Ein junger Mann ohne Auto sieht sich selber als einen Ausgestoßenen, als einen Schwerbeschädigten an. Mit dieser Überzeugung hat schon sein Vater gelebt, und mit dieser Überzeugung wird er auch selber weiterleben bis zu seinem Tod, der ihn vielleicht am Steuer eines Autos ereilt.»

«Das wäre auch ganz gerecht so, denn man soll nie seine Eltern nachahmen.» (F 122)

«Nur wenn sie unrecht haben, nehme ich an?»

«Nein, auch wenn sie recht haben. Mit anderen Worten, man soll sich nicht einfach auf eine bestimmte Art verhalten, nur weil die Tradition einem dies auferlegt, sondern man muß von Fall zu Fall das Urteil des Feuers entscheiden lassen.»

In Conca dei Marini entdecken wir einige junge Pärchen,

die auf den Mäuerchen sitzen. Die einen sehen aufs Meer hinaus, andere umschlingen sich eng, und wieder andere küssen sich mit geschlossenen Augen, ohne sich um die vorüberfahrenden Autos und die Passanten zu kümmern, die sie dabei sehen können. Aber wen sollte das wundern, hatten sie doch eine der schönsten Aussichten der ganzen amalfitanischen Küste vor sich. Außerdem war die Nacht mild, und der Vollmond spiegelte sich im Meer.

H: «Ich sehe viele *pornai.*»

D: «Was sind denn *pornai*?»

H: «Frauen, die sich für Geld der Liebe hingeben.»

D: «Solche gibt es sehr viele, aber in der Stadt, nicht hier in Positano.»

H: «Und die hier?»

D: «Das sind doch keine *pornai.*»

H: «Das sind keine *pornai*?! Warum geben sie sich dann auf der Straße der Liebe hin? Man kann sie doch sehen.»

D: «Weil die Frauen heute viel freier sind als im alten Griechenland. Und außerdem zählt für sie nicht nur der Sex, sie wollen auch Gefühle.»

H: «Meinst du Freundschaft?»

D: «Ja, warum nicht – auch Freundschaft.»

H: «Ich habe keinen einzigen Freund gehabt.»

D: «Warum denn das?»

H: «Ich bin keinem Menschen begegnet, der es wert gewesen wäre. Eher noch Hunden. Aber auch sie haben mich am Ende verraten.»[1]

D: «Vielleicht hast du einfach nicht genügend gesucht.

[1] Diogenes Laertios, a. a. O., IX 4

Ich bin keinem Menschen begegnet, der es wert gewesen wäre,
mein Freund zu sein. Eher noch Hunden. Aber auch
sie haben mich am Ende verraten.

M. C. Escher, Regelmäßige Flächenfüllung IV
© 1995 M. C. Escher/Cordon Art – Baarn – Holland.
All rights reserved.

Es gibt doch viele Menschen, die nur dafür leben, sich andern hinzugeben.»

H: «Das stimmt ganz und gar nicht. Diese Tugend trifft man höchstens bei einem einzigen an, denn es ist sehr schwierig, reine Menschen zu finden.» (F 61)

D: «Nicht einmal, wenn sie verliebt sind?»

H: «Nicht einmal dann. Eros kann sich nicht mit der Vernunft paaren, im Gegenteil, kaum tritt er auf, verflüchtigt sich die Vernunft. Die wahre Vernunft, der *Logos*, ist nicht die Summe der Dinge, die man weiß, sondern die Weisheit an sich. Und dennoch sind sich dessen nur wenige bewußt.» (F 68)

D: «Wird man als Weiser geboren, oder entwickelt man sich dazu?»

H: «Jedem Menschen wird die Gelegenheit geboten, als Weiser zu leben (F 64), denn das Denken ist eine allgemeine Fähigkeit (F 56), aber nicht alle sind so schlau, sie auch zu nutzen. Einige zum Beispiel gehen und gehen und vergessen, wohin der Weg führt.» (F 60)

D: «Hast du dich je verliebt?»

H: «Was bedeutet verliebt?»

D: «Hast du nie eine Frau so heftig begehrt, daß du dabei fast den Verstand verloren hättest?

H: «Eine so fürchterliche Lage kann ich mir nicht einmal vorstellen! Eros hat mich verschont, und dafür bin ich ihm dankbar.»

D: «Hat dich tatsächlich nie einer seiner goldenen Pfeile getroffen?»

H: «Einmal schon, aber der Pfeil war nicht aus Gold, sondern aus Blei.»

D: «Und was geschah dann?»

H: «Eros besitzt bekanntlich zwei verschiedene Arten von Pfeilen, solche aus Gold und solche aus Blei. Die goldenen bewirken, daß du dich verliebst, die bleiernen, daß du Abscheu empfindest.»

D: «Und wen hast du als ersten gesehen, nachdem du dir den bleiernen Pfeil herausgezogen hattest?»

H: «Niemanden.»

D: «Und dann?»

H: «Habe ich alle verabscheut.»

D: «Wirklich merkwürdig, was du da erzählst. Ich habe mir Eros immer als einen sehr sanften, geflügelten Knaben vorgestellt, der vielleicht ein bißchen launisch sein kann, aber doch bestimmt keine bleiernen Pfeile verschießt.»

H: «Weil du natürlich wie immer nicht mit dem Kopf, sondern mit dem Bauch denkst! Eros schießt doch nur deshalb seine bleiernen Pfeile ab, weil er genau weiß, daß der Mensch nur glücklich sein kann, wenn er leidet. Nur wer sich vor Verlangen verzehrt hat, ist für das Glück empfänglich.»

D: «Das mußt du mir genauer erklären.»

H: «In Athen sah ich einmal eine Urne, wo auf der einen Seite ein Mann und auf der anderen Seite eine Frau abgebildet waren. Alle beide liefen um ihr Leben. Der Abstand zwischen beiden war genau gleich groß, das konnte auch gar nicht anders sein, da die Urne rund war. Und da habe ich mich gefragt: Wer von den beiden verfolgt nun wen, und wer versucht, vor dem andern zu fliehen? Wer von den beiden war von dem goldenen und wer von dem bleiernen Pfeil des Eros getroffen worden? Von ihrem Gesichtsausdruck konnte man es nicht ablesen, da beide verzweifelt waren, allerdings der eine aus zu großer Liebe und der andere aus Angst. Und damit du es genau weißt: Hinter der geliebten Person herzulaufen und sie nie zu erreichen ist die einzige Möglichkeit, die es für die Liebe gibt, sich nicht zu verschleißen.»

D: «‹Du ungestüm Verliebte auf den Höhn: / Dein Mund küßt in die Luft – doch gräm dich nicht; / Nie schwindet sie, obgleich sie dir entrinnt, / Und immer liebst du, immer bleibt sie schön.›»[2]

H: «Was ist das?»

D: «Verse aus einem Gedicht von John Keats, einem Dichter, der mit fünfundzwanzig Jahren starb.»

H: «Er hätte noch hinzufügen sollen, daß nur die vorgestellten Dinge schön sein können.»

D: «Das hat er auch getan: ‹Erlauschter Klang ist süß; noch Süßres sagt / Der stumme ...›»

H: «Gut, dieser Keats, er gehört sicher zu jenen wenigen, von denen ich zuvor gesprochen habe. Also, um es nochmals kurz zusammenzufassen: Wo es keinen Wettstreit gibt, gibt es nicht nur keinen Krieg, es gibt auch keine Liebe. Das Begehren stachelt an, während die Befriedigung kraftlos macht, deshalb ist der Traum wertvoller als die Wirklichkeit. Die Dinge, die ich mir vorstelle, bedeuten mir mehr, als jene, die ich sehen kann, und wenn ich mir einmal nichts vorstellen kann, sind mir die Dinge, die ich sehe, immer noch lieber als die, die ich berühre. (F 85) Gebt mir eine Frau zum Erobern und ich bin glücklich. Legt ihr mir aber eine ins Bett, suche ich mir gleich ein anderes Lager!»

D: «Befriedigung kann doch auch sehr schön sein ...»

[2] John Keats (1795–1821), *Ode auf eine griechische Urne*

H: «Aber nie so schön wie das ungestillte Verlangen. Die unsichtbare Harmonie ist stärker als die sichtbare. (F 7) Die unsichtbare Harmonie ist eine vollkommene, makellose Kugel. Die sichtbare hingegen verformt sich ständig unter dem Druck der Wirklichkeit.»

D: «Und die tröstliche Zuneigung? Die menschliche Wärme, wenn du Hilfe brauchst? Die Hand des andern in der deinen beim Gehen?»

H: «Das ist alles nichts im Vergleich zum Traum. In der Vorhölle habe ich einen Dichter kennengelernt, einen gewissen Jaufré Rudel.[3] Dieser Mann hat mir erzählt, daß er sein ganzes Leben lang eine Frau geliebt hat, eine gewisse Gräfin von Tripolis, sie aber kein einziges Mal gesehen hat. Kreuzritter, die aus Syrien zurückkehrten, hatten ihm von ihr erzählt. Alle berichteten von ihrer einmaligen Schönheit und Pracht, und er schrieb Dutzende von Liebesliedern für sie. Als er alt geworden war, beschloß er, sich einzuschiffen und sie aufzusuchen, aber zu seinem Glück starb er, bevor er sie sah, just in dem Augenblick, als er seinen Fuß auf den syrischen Strand setzte.»

D: «Wenn ich also recht verstanden haben, stehen Eros und *Logos* im Gegensatz zueinander?»

H: «Richtig, *Logos* ist genau das Gegenteil von Eros oder, besser, seine Negation. Wenn Eros auftritt, verflüchtigt sich der *Logos*, wie jeder genau weiß, der schon einmal Liebeskummer gehabt hat.»

D: «Du glaubst also nicht an die Magier mit ihren Liebestränken, an die Wahrsagerinnen und die Sterndeuter?»

[3] Jaufré Rudel, Prinz von Blaye, Troubadour, lebte in der Mitte des 12. Jh. Von Petrarca erwähnt in *Trionfo d'amore*. Inspirierte Rostand, Carducci und Uhland.

Die unsichtbare Harmonie ist eine vollkommene, makellose Kugel.

M. C. Escher, Drei Kugeln I

© 1995 M. C. Escher/Cordon Art – Baarn – Holland.
All rights reserved.

H: «Du meine Güte, nichts von all dem, was sie vorhersagen, tritt ein. Auch Homer hat sich gern mit Astrologie befaßt (F 94), aber doch nur, um seine Hypothese zu stützen, daß Hektor und Polydamantes, da sie im gleichen Augenblick geboren waren, auch das gleiche Schicksal haben mußten. In Wahrheit sind alle diese Riten nur dazu gut, die Angst zu besänftigen, etwa so wie gewisse Heilmittel, die zwar das Übel nicht beseitigen, aber den Patienten beruhigen. (F 47) Die einzige, die vielleicht durch tausend Jahre Zukunft dringt, ist die Sibylle, weil sie mit dem Mund des Wahnsinns spricht und niemals lacht oder Schmuck und Düfte braucht.» (F 51)

D: «Warum neigt denn der Mensch, sobald er leidet, zu Leichtgläubigkeit?»

H: «So wie die Spinne an die Stelle ihres Netzes eilt, die zerrissen ist, wandert die Seele des Menschen an die Körperstelle, die schmerzt. (F 104) Und um die Verletzung zu heilen, gibt er jeder niederen Regung nach und glaubt sogar an Magie.»

D: «Und was sollte er statt dessen tun?»

H: «Einfach abwarten. Morgen ist auch noch ein Tag.»

D: «Also wie in *Vom Winde verweht*?»

H: «Das hat nichts mit dem Wind zu tun: Die Sonne ist jeden Tag neu.» (F 31)

IX

Dummheit

Bei Ausgrabungsarbeiten an der Porta Magnesia von Ephesos wurden vor dreißig Jahren zwei Papyri aus dem 6. vorchristlichen Jahrhundert gefunden.[1] Sie waren fest ineinandergerollt, und nur mit Mühe ließ sich auf ihrem Rücken die Inschrift: «Ich, Heraklit, Sohn des Blyson» entziffern. Eindeutig handelte es sich um ganz außergewöhnliche Dokumente von der Hand des berühmtesten Philosophen der ionischen Küste.

Aber so bedeutend der Fund auch war, ließen sich die Manuskripte damals nicht entziffern, da es nicht gelang, sie zu entrollen. Erst später, bei der Entdeckung der Papyri von Philodemos, wurde eine neue Methode entwickelt, die schließlich auch Heraklits Texte zugänglich machte und ein ganz ungewöhnliches Testament ans Tageslicht brachte.

«Ich, Heraklit, Sohn des Blyson, erkläre, da ich bereits den Hades rieche, bevor das Wasser meine Seele überschwemmt und mich hindert, dem Logos zu folgen, im Vollbesitz meiner einzigartigen Geistes- und Willenskräfte:

Mein gesamter Besitz – und zwar im einzelnen das

[1] Der Leser hat gewiß schon erkannt, daß es sich hierbei um einen vom Autor imaginierten Fund handelt.

Ackerland unterhalb des Berges Phion, das Haus, der Stall, die fünf Hunde, die zwei Schweine, die Milchkuh und der Zuchtbulle – geht an jenen, der mir als erster die genaue Bedeutung folgender Maxime erklären kann: ‹Die Sonne ist einen Fuß breit.› (F 30) Unanfechtbarer Richter: Der ehrliche und getreue Hermodor, der als einziger unter allen Ephesiern meine uneingeschränkte Achtung genießt.

Gezeichnet Heraklit von Ephesos, Sohn des Blyson.»

Der zweite Papyros hingegen enthielt die Deutung dieser Maxime.

«Es war hoher Sommer, als ich mich eines Tages, nachdem ich mir die Füße gewaschen hatte, in die Sonne legte, um zu trocknen.

Ich hatte mich auf der Terrasse meines Hauses auf einer Lemnos-Matte ausgestreckt und dachte an den Schlaf und den Tod und worin sich beide voneinander unterscheiden, als mir schließlich die Sonnenstrahlen in die Augen drangen. Ich hob ein Bein, um mir ein wenig Schatten zu verschaffen, und entdeckte dabei, daß die Sonne nur wenig größer als mein rechter Fuß war und also auch als die *skaphè*, die Schüssel, in der ich das Fußbad genommen hatte.

Diese Erfahrung lehrte mich, daß ‹ein Ding ist, was es zu sein scheint› (die Sonne groß wie ein Fuß) und ‹ein Ding ist, was es ist› (die wirkliche Größe der Sonne). Daher meine ich, daß weisheitsliebende Menschen viele Dinge lernen müssen (F 69), wobei es unerläßlich ist, jedem Ding auf den Grund zu gehen, um zu erkennen, was sich in

Das Meereswasser ist heilsam für die Fische
und tödlich für die Menschen.

M. C. Escher, Fische und Schuppen

© 1995 M. C. Escher/Cordon Art – Baarn – Holland.
All rights reserved.

seinem Innern verbirgt. Man darf sich nicht vom Augenschein täuschen lassen.

Die Dinge an sich sind weder schön noch häßlich, weder gut noch schlecht, sondern werden es erst durch ihren Zweck. Daher kann etwa der Krieg den Göttern erwünscht sein, da sie ihn als Auslese betrachten, für die Sterblichen aber ist er schlecht, denn er bringt ihnen nur den Tod. (F 40) Jede Wirklichkeit hat zwei Seiten, eine positive und eine negative. Das Meereswasser ist heilsam für die Fische und tödlich für die Menschen. (F 99) Ein Ding, das auf den ersten Blick konkav erscheint, könnte in Wirklichkeit auch konvex sein.

Im Unterschied zu den Göttern ist den Menschen Einsicht verwehrt. (F 41) Und um zu bestimmen, ob eine Sache gerecht ist oder ungerecht, vertrauen sie nicht auf ihren Verstand, sondern auf ihre Sinne, was nur zu Täuschungen führt. Und selbst wenn der Weise sie warnt (F 106), glauben sie ihm nicht, sondern handeln wie Schlafende.

Also sprach Heraklit, Sohn des Blyson.»

Nach *archè* und *panta rhei* ist also der dritte Schlüssel zum Verständnis Heraklits seine Theorie über die Dummheit. Eines schönen Tages erkannte der Philosoph schlagartig, daß der gewöhnliche Mensch noch weit dümmer ist, als er gedacht hatte.

An sich unterschied sich sein Urteil über die Menschheit nicht grundlegend von jenem des Sokrates, nur nannte dieser sie nicht «dumm», sondern «unwissend». Sokrates sagte nämlich: «Gutes zu tun zahlt sich aus. Der Mensch tut es nur deshalb nicht, weil er nicht die geringste Ahnung hat, wo das Gute liegt. Daher ist er nicht schlecht, sondern unwissend.» Heraklit aber meint: «Die meisten sind schlecht und nur wenige gut (F 66), alle übrigen leihen zwar ihr Ohr, aber sie verhalten sich wie Taube (F 53), und selbst wenn sie auf die Wahrheit stoßen, sind sie unfähig, diese zu erkennen.» (F 52)

Anders ausgedrückt: Wenn ein Junge von der Autobahnbrücke Steine auf die vorüberfahrenden Autos wirft, dann tut er dies nicht, weil er schlecht oder gefühllos wäre oder weil er sich nicht klarmachen würde, daß er damit Menschen töten könnte (was ja leider passiert ist), sondern einfach nur deshalb, weil er dumm ist. Es liegt nicht an wechselnden Moden, an Punks, an der Discomusik, an gewaltverherrlichenden Filmen und den modernen Zeiten, er tut es schlicht aus Unwissenheit (Sokrates) oder Dummheit (Heraklit). Das gleiche gilt für einen Neonazi, der sich den Kopf kahl schert und nichts anderes im Sinn hat, als Juden zu beleidigen und Ausländer zu verprügeln. Er ist eben dumm. Auch die Drogenabhängigen sind nicht gerade intelligent, und da nun einmal niemand gern als dumm gilt, würden wir, glaube ich, einen wirksamen Beitrag zur Drogenbekämpfung leisten, wenn wir den Slogan «Drogenabhängige sind dumm» in Umlauf setzten.

Die meisten Menschen, sagt Heraklit, glauben an Magier, an die von Dionysos Besessenen, an Mänaden, Scharlatane und Eingeweihte (F 76), und dies ist ein großer Fehler (F 107), auch wenn manche behaupten, daß Wahn ein Geschenk der Götter sei. (F 117) Die Wahrheit ist, daß die Weisheit mit dem Namen Zeus benannt sein will und doch auch wieder nicht. (F 38)

Ein Ding, das auf den ersten Blick konkav erscheint,
könnte in Wirklichkeit auch konvex sein.

M. C. Escher, Konkav und Konvex
© 1995 M. C. Escher/Cordon Art – Baarn – Holland.
All rights reserved.

X

De caelo

Als wir wieder im Hotel eintreffen, überreicht der Portier Heraklit eine mit einem roten Seidenband und einem Siegel versehene Pergamentrolle.

Tele-Arkadia beehrt sich, Sie heute abend um 23 Uhr zu einer Talk-Show ins Studio einzuladen. Die Leitung der Sendung hat Nikotas Zoramuzio.

Ich erkläre Heraklit, was eine Talk-Show ist, und wir beschließen, die Einladung anzunehmen.

Im Studio finden wir die Leuchten des vorsokratischen Denkens einträchtig versammelt: Thales, Anaximander, Anaximenes, Pythagoras, Melissos, Anaxagoras, Demokrit, Empedokles und Archytas.[1] Sie sind alle hochbetagt, Philosophen und Griechen. Das heißt, das mit den Griechen stimmt nicht ganz, denn die ersten sechs sind in der Türkei und die letzten beiden in Italien geboren. Einzig und allein Demokrit, der aus Abdera (Thrakien) stammt, könnte sich als echter Grieche ausgeben.

Als erster ergreift Nikotas das Wort.

«Ich habe euch eingeladen, um über das nie gelöste

[1] Selbstverständlich handelt es sich um ein rein fiktives Treffen. Der Altersunterschied zwischen Thales, dem Ältesten, und Demokrit, dem Jüngsten, beträgt mindestens hundertfünfzig Jahre.

Problem des *archè* zu diskutieren, also über das Urelement oder den Baustein des Universums, wie auch immer man es bezeichnen mag, um ein für allemal zu klären, wie die Welt entstanden ist und wie sie sich entwickelt hat. Jeder von euch hat zu seiner Zeit dazu Hypothesen aufgestellt. Und nach so vielen Jahren, ja Jahrhunderten möchte ich nun einfach wissen, ob sich diese Hypothesen bewahrheitet oder ob sie entscheidende Veränderungen erfahren haben. Mit anderen Worten: Gibt es einen Urstoff? Und wenn ja, gab es ihn schon immer, oder ist er erschaffen worden? Und wenn er erschaffen worden ist, wer war sein Schöpfer? Dies und nichts anderes möchte ich von euch wissen.»

Seine höflichen Worte werden schweigend aufgenommen. Keiner der Geladenen will auf das Privileg verzichten, als Letzter zu reden, und die meisten hoffen, daß Thales, der Älteste unter ihnen, das Eis brechen wird. Aber der Philosoph aus Milet scheint nicht dazu aufgelegt. Er blickt sich um, hüstelt und schweigt.

«Nun, Thales», wendet sich Nikotas ermunternd an ihn. «Du, der du als erster die Sonnenfinsternis angekündigt hast[2], der du als erster das Jahr in 365 Tage eingeteilt[3] und als erster den letzten Tag des Monats den ‹dreißigsten› genannt hast[4], und der du schließlich als erster den Kleinen Bären entdeckt hast, nach dem die Phönikier sich mit ihren Schiffen orientieren konnten[5], erleuchte uns jetzt mit deinem Wissen. Sag uns, welches deiner Meinung nach jene Substanz war, aus der sich alle anderen entwickelt haben.»

[2] Cicero, *De divinatione*, I 49, 112.; Herodot, *Historien* I 74
[3] Diogenes Laertios, a. a. O., I 1 27
[4] Ebd., I 1 24
[5] Kallimachos, *Jamben*, fr. 191

Wieder nur Blicke, Schweigen, Hüsteln, bis endlich die erlösenden Worte fallen:

«Ich, Thales, behaupte, daß der Anfang allen Lebens nur das Wasser sein kann, denn wo Leben ist, ist auch Wasser.[6] Es ist im Menschen, in den Pflanzen und auch in dir, o Nikotas, wie in allen übrigen Lebewesen. Kein Wasser hingegen gibt es in den Steinen, den Mineralen und in allen trägen Dingen. Thales hat gesprochen!»

Trotz dieser unmißverständlichen Stellungnahme erhebt niemand Einwände. Teils aus Achtung vor Thales' Alter, teils aber auch aus Angst, sich eine Blöße zu geben, halten sich vorerst alle mit ihrem Urteil zurück. Heraklit zeigt eine unduldsame Miene, kein Zweifel, daß er sich hier fehl am Platze fühlt, hat er sich doch sogar geweigert, sich neben die anderen Philosophen zu setzen. Ostentativ wendet er Thales den Rücken zu.

Nikotas macht einen neuen Versuch, seine Gesprächspartner aus der Reserve zu locken.

«Wenn ich also richtig verstehe, seid ihr alle derselben Meinung wie Thales. Auch für euch ist das Wasser das Urelement. Also nicht die Luft, wie seinerzeit Anaximenes behauptete[7], und auch nicht das *apeiron*, das dem hier unter uns weilenden Anaximander einst so teuer war.»[8]

Auf diese Weise herausgefordert, können Anaximenes und Anaximander nicht länger schweigen.

«Ich bin überhaupt nicht derselben Meinung», widerspricht Anaximenes schnell. «Obwohl ich Thales wie einen Vater liebe und ihn als Menschen wie auch als Wissen-

6 Aristoteles, *Metaphysik*, 13, 983 b 17
7 Simplicius, *Physik*, 24, 26
8 Ebd., 24, 13

schaftler hoch schätze, kann ich seine Vorstellungen über den Ursprung des Universums keinesfalls teilen. Nicht das Wasser, sondern die Luft ist das Urelement, von dem alles kommt...»

«Wir sollten doch endlich einmal mit dieser Geschichte von Wasser und Luft aufhören!» ereifert sich jetzt Anaximander. «Es ist einfach unvorstellbar, daß *archè*, der Ursprung des Lebens, nachdem die Substanzen einmal geschaffen worden sind, weiterhin sichtbar bleibt. Damit würde doch der Erzeuger mit demselben Maß gemessen wie die Erzeugnisse! Bei Zeus, das ist völlig unhaltbar! Wir müssen doch von einem unsichtbaren Element ausgehen, und dieses Element heißt nun einmal *apeiron*. Undenkbar, es mit so gewöhnlichen Stoffen wie Wasser und Luft zu vergleichen, die man überall in der Natur findet. Wenn euch diese Bezeichnung nicht gefällt, könnt ihr ja eine andere wählen, ich jedenfalls werde immer bei *apeiron* bleiben!»

Zur großen Erleichterung von Nikotas ist die Diskussion jetzt endlich in Gang gekommen. Ohne Streit, meint er, kann es schließlich auch keine Auseinandersetzung geben. Sollen also alle der Reihe nach ihre Argumente vortragen, damit der Beste siegt.

Anaximenes ist beleidigt, weil Anaximander seine «Luft» als etwas Gewöhnliches bezeichnet hat. Erregt ist er aufgesprungen und schreit jetzt mehr wie ein Politiker als wie ein Philosoph auf ihn ein:

«Ich schäme mich für dich, o Sohn des Praxiades, und ich möchte doch wissen, wie du dir der Existenz dieses völlig unwirklichen *apeiron* so sicher sein kannst. Keiner hat je von ihm gehört, keiner ist ihm je begegnet, und du redest daher, als hättest du es gerade vor ein paar Minuten mit eigenen Augen gesehen. Dann könnten wir doch gleich an die Götter Homers glauben: Die sind wenigstens lustiger als dein *apeiron*! Nein, nein, die Luft bewegt das ganze Weltall, anders kann es gar nicht sein ...»

«Falsch, es ist das Wasser!» platzt Thales heraus, jetzt fest entschlossen, sich nicht niederreden zu lassen. «Versucht nur einmal, einem Lebewesen das Wasser wegzunehmen, dann werdet ihr ja sehen, ob es überleben kann. Thales hat gesprochen!»

Nun mischt sich der Admiral Melissos ein und versucht, die Wogen zu glätten.

«Nur ruhig, Freunde», hebt er an. «Ganz offensichtlich vertretet ihr doch alle das gleiche Prinzip und gebt ihm nur verschiedene Namen. Es geht aber doch in Wirklichkeit nicht so sehr darum, den Namen als vielmehr die Merkmale des *archè* zu bestimmen. Wie sollte dieses Element sein? Eines oder vielfältig? Sichtbar oder unsichtbar? Endlich oder unendlich? Überlegen wir nur einmal in Ruhe, dann werden wir auch eine Lösung finden ...»

Die Milesier schweigen, warten aber nur auf die kleinste Herausforderung, um sich einzumischen. Melissos versucht unterdessen, seine Gedanken näher zu erläutern.

«Erstens: Wenn etwas existiert, heißt das, daß es ewig ist, denn aus dem Nichts kann nichts entstehen. Zweitens: Wenn es ewig ist, ist es auch unendlich, da es weder Anfang noch Ende hat. Drittens: Wenn es ewig und unendlich ist, ist es auch eines, denn wenn es zwei wären, würden sie sich gegenseitig einschränken. Viertens: Wenn es ewig, unendlich und eines ist, ist es auch gleichartig, denn sonst wäre es in einem Teil anders, als in dem anderen und daher vielfältig. Fünftens: Wenn es ewig, unendlich, eines und gleichartig ist, ist es auch unbeweglich, da es außerhalb seiner keinen Ort gibt, an den es gehen kann. Sechstens: Wenn es ewig, unendlich, eines, gleichartig und unbeweglich ist, kann es auch nicht leiden, da es sich immer gleich bleiben muß. Siebtens...»[9]

«Genug, genug!» schreien alle durcheinander, und Nikotas begreift, daß er Melissos irgendwie zum Schweigen bringen muß.

«Aber bitte, meine Herren», sagt er beschwichtigend. «Wenn unsere Begegnung zu etwas führen soll, müssen wir einfachere Fragen stellen und weniger ausführliche Antworten geben. Vermeiden wir doch jedes Wortgeklingel und sprechen wir vor allem leise, wie es sich für Denker ziemt! Und damit möchte ich die Diskussion über folgendes Thema anregen: Wie ist das Universum beschaffen? Ist es endlich oder unendlich? Hat es einen Anfang gehabt, oder existiert es schon immer? Wird es ein Ende haben oder ewig da sein? Ich schlage vor, daß jeder der Reihe nach nur auf diese eine Frage antwortet. Und zwar fangen wir am besten mit dem Ältesten an. Ich bitte daher Thales, als erster zu reden, gleich nach ihm dann Anaximander, Anaximenes, Pythagoras, Archytas, Heraklit, Empedokles, Anaxagoras und Demokrit.»

Nikotas läßt Melissos absichtlich aus. Keiner erhebt einen Einwand, und so ergreift wieder Thales das Wort.

«Ich, Thales, meine, die Erde ist ein Floß, das auf dem Wasser schwimmt.[10] Manchmal ist dieses Floß ruhig, und

[9] Pseudo Aristoteles, *Über Melissos, Zenon, Xenophanes und Georgias*, 1–2 974a – 977a, dt. Stgt. 1860, Bd. VII, S. 54ff.

[10] Aristoteles, *De caelo*, II 13 294a 30-3

manchmal stampft es. In diesem Fall finden die Erdbeben statt.[11] Thales hat gesprochen.»

«Aber da bin ich ganz und gar nicht einverstanden!» widerspricht Anaximander, aus Rücksicht auf Nikotas aber diesmal etwas leiser. «Die Erde ist doch kein Floß, sondern ein Teil einer Säule oder, besser, eine große in der Luft hängende Torte. Sie kann nach keiner Seite fallen, weil sie genau in der Mitte des Universums hängt und daher nicht den geringsten Grund hat, sich in eine bestimmte Richtung mehr zu neigen als in eine andere. Die Torte besteht aus Stein, und ihre Höhe entspricht einem Drittel ihres Durchmessers.[12] Rings um sie dreht sich ein riesiges Rad aus zusammengepreßter Luft, außerhalb dessen ein riesiger Feuerozean brennt. Und da es nun im Innern des Rades Löcher gibt (dort wo gewöhnlich die Strahlen sitzen), sehen wir von der Erde aus nur etwas Feuerschein, den wir für Sterne halten.[13] Auch die Sonne und der Mond sind Torten, aber mit verschiedenen Durchmessern. Der Durchmesser der Sonne ist siebenundzwanzigmal größer als der des Mondes und neunzehnmal größer als der der Erde.»[14]

«Da möchte ich doch einmal von Anaximander hören, wie viele Haare Zeus auf dem Kopf hat!» fällt ihm Anaximenes lachend ins Wort. Dann ändert er aber plötzlich den Ton und deutet mit dem Zeigefinger in seine Richtung: «Woher weißt du das denn alles so genau? Wer hat dir das anvertraut? Ein Orakel? Ein Gott? Es kann ja nur ein Gott

[11] Seneca d. J., *Naturales quaestiones*, III 14
[12] Hippolytus von Rom, *Refutatio omnium haeresium*, I 6, 3
[13] Aetios, II 13, 74
[14] Hippolytus von Rom, a. a. O., I 6, 5

gewesen sein, denn woher willst du es sonst erfahren haben?»

«Das hat mir niemand anvertraut, das habe ich alles selber berechnet, indem ich nächtelang den Sternenhimmel beobachtet habe», erwidert Anaximander verärgert. «Aber wenn du so großartig bist, dann erkläre uns doch einmal, o Anaximenes, wie das Universum beschaffen ist, und erzähle uns dann bitte auch, woher du es weißt. Wir sind alle sehr gespannt auf die Wahrheit.»

«Meiner Meinung nach», erwidert Anaximenes, «ähnelt der Himmel einem *pilos* ...»

«Einem *piles*!?» fragt Nikotas verwundert und glaubt, sich verhört zu haben.

«Richtig, einem *piles* ...», bestätigt Anaximenes, «einer dieser Wollmützen, wie sie die Fischer von Ägina tragen, wenn sie nachts hinausfahren. Wir müssen uns die Erde als eine riesige Scheibe vorstellen, die von der Luft getragen wird, und darüber dreht sich das Himmelsgewölbe um seine eigene Achse, wie sich der *pilos* um den Kopf eines Seemanns drehen läßt. Die Scheibe durchschneidet die Luft nicht, sie drückt nur wie ein Deckel darauf.»[15]

«Und die Sonne?» fragt Melissos.

«Auch die Sonne ist eine Scheibe, die am Himmel flammt. Sie glüht, weil sie sich schwindelerregend schnell dreht.»

«Und warum verschwindet sie nachts?»

«Weil sie hinter die Berge von Thrakien wandert und sich unseren Blicken entzieht, bis sie noch glühender als

[15] Hippolytus von Rom, a. a. O., I 7, 6

zuvor über den grünen Ebenen von Ninive auftaucht und das Zweistromland erhellt. Zu niedrig für uns, aber nicht für den Mond, der von ihr erleuchtet wird.»

«Und die Sterne?»

Einige sind fest wie mit Nägeln in das eisige Himmelsgewölbe eingeschlagen. Andere hingegen, die wir Planeten nennen, ziehen frei herum wie feurige Blätter.»

«Und die Luft?»

«Die Luft ist überall. Manchmal verdichtet sie sich, und manchmal verdünnt sie sich, und wenn sie sich verdünnt, wird sie Feuer, wenn sie sich verdichtet, wird sie Wind. Wenn sie sich dann noch mehr verdichtet, verwandelt sie sich zuerst in Wolken, dann in Wasser, dann in Erde und schließlich in Stein[16], und sie bewegt sich unaufhörlich, denn ohne Bewegung könnte sie sich auch nicht verwandeln.»[17]

«Danke, Anaximenes», unterbricht ihn Nikotas und erteilt nun Pythagoras das Wort.

Der Meister aller Meister, der Ehrfurchtgebietende, der Gottverwandte, der Priester seiner selbst, der Pythier, der hyperboreische Apollo, der *Ipse dixit* erhebt sich nun, da er zum Sprechen aufgefordert worden ist, und wartet, bis völlige Ruhe herrscht. Nach langem Schweigen, das allen endlos erscheint, spricht er jenen prophetischen Satz aus, mit dem er jede Rede begann:

«Nein, bei der Luft, die ich atme, nein, bei dem Wasser, das ich trinke, niemals werde ich mir Tadel gefallen lassen über diese Darlegung.»[18]

[16] Simplicius, *Physik*, 24, 26
[17] Hippolytus von Rom, a. a. O., I 7, 3
[18] Diogenes Laertios, a. a. O., VII 6

Wieder schweigt er endlos.

Nikotas hebt den Blick zum Himmel, wie um ihn zum Zeugen für die große Geduld anzurufen, die ihm hier mit dieser Gesprächsrunde abverlangt wird. Aber er hütet sich, einen Laut von sich zu geben; er will den hochempfindlichen Philosophen schließlich nicht reizen.

«Am Anfang war das Chaos oder die Unordnung, dann kam die *monas* (die Zahl Eins) und schuf das Universum. So entwickelte sich das Chaos zum Kosmos und die Unordnung zur Ordnung.»

Heraklit stellt sich geistesabwesend, aber er läßt sich kein Wort des Rivalen entgehen.

Pythagoras fährt fort:

«Die von der Zahl Eins hervorgebrachten Zahlen haben alle eine stoffliche Dicke. Diese ist winzig und auch unsichtbar, aber doch vorhanden! Die Eins ist die Intelligenz, die Zwei ist die Meinung, die Drei die Vollkommenheit, die Vier die Gerechtigkeit, die Fünf die Ehe, die Sieben die Zeit und so fort. Die wichtigste Zahl nach der Eins ist aber die Zehn, auch ‹die göttliche *Tetraktys*› genannt, da sie die Summe der Eins, der Zwei, der Drei und der Vier ist, nämlich der Intelligenz, der Meinung, der Vollkommenheit und der Gerechtigkeit.»[19]

«Das mit den Zahlen ist überzeugend», meint Nikotas. «Aber erzähle uns etwas über den Kosmos. Wie groß ist er deiner Meinung nach? Ist er endlich oder unendlich?»

«Themis, die Priesterin von Delphi, sagte mir, daß jener Raum, den ich als erster Kosmos nannte . . .»[20]

[19] Philolaos, fr. 4

[20] Diogenes Laertios, a. a. O., VIII 25

«... nur unendlich sein kann», ergänzt Archytas, indem er dem Meister ins Wort fällt. «Denn sonst hätte er einen Rand, und wenn er einen Rand hätte, könnte ich mich darauf setzen, und wenn ich einmal darauf sitzen würde, könnte ich einen Arm ausstrecken...»

Und während er dies sagt, öffnet er das Fenster, setzt sich auf den Sims und streckt einen Arm hinaus.

«Da möchte ich dich fragen, o Pythagoras», fährt er fort, «wo wäre denn dieser Arm, wenn es da nicht noch ein Stückchen Universum gäbe?»[21]

Pythagoras traut seinen Ohren nicht. Jemand hat gewagt, ihn zu unterbrechen! Wenn er wollte, könnte er ihn töten. Einmal hatte er einen seiner Schüler, einen gewissen Hippasos, nur weil dieser ohne Erlaubnis gesprochen hatte, mit einem Blick wie mit einem Blitzschlag niedergestreckt.[22] Und ein anderes Mal hatte er eine Schlange, die ihn gebissen hatte, ebenfalls gebissen und sie damit sofort getötet.[23]

Nikotas hat als erfahrener Moderator die heikle Situation erkannt und versucht, wieder Ruhe herzustellen.

«Wenn ich nicht irre, o Göttlicher», wendet er sich demütig an Pythagoras, «warst du mit deinen Darlegungen noch nicht fertig. Entschuldige den Überschwang des jungen Archytas und beschreibe uns, wenn du noch Lust hast, dein Universum!»

Wieder folgt langes Schweigen, bis Pythagoras endlich noch einmal mit seinem berühmten Satz anfängt:

«Nein, bei der Luft, die ich atme, nein, bei dem Wasser,

[21] Simplicius, *Kommentar zu Aristoteles*, 467, 26
[22] Iamblichos, *De vita Pythagorae*, 25, 77, 18
[23] Apollonios, *Mirabilia*, 6

das ich trinke, niemals werde ich mir Tadel gefallen lassen über diese Darlegung!»

Hoffen wir nur, daß ihn keiner mehr unterbricht, denkt Nikotas verzweifelt. Wer weiß, wie oft ich mir sonst noch diesen entsetzlichen Satz anhören muß.

«In meinem Werk *Das Ganze*», fährt der hyperboreische Apollo unerschütterlich fort, «steht klar und deutlich geschrieben, daß der Mittelpunkt des Universums nicht von der Erde gebildet wird, wie ihr bis jetzt behauptet habt, sondern vom Feuer, um das die großen Himmelskörper unaufhörlich kreisen.»

«Und welches sind denn diese Himmelskörper?» fragt Melissos.

Pythagoras antwortet nicht gleich, was er im übrigen nie tut. Er wartet, bis wieder völlige Stille herrscht, und dann zählt er die seiner Meinung nach größten Himmelskörper auf.

«Erde, Mond, Sonne, die fünf Planeten, der Himmel der Fixsterne und ein unsichtbarer Planet namens Gegenerde.»

«Ein unsichtbarer Planet? Warum ist er unsichtbar?»

«Weil er sich diametral entgegengesetzt zur Erde jenseits des Feuers befindet», erläutert der Meister todernst. «Es ist ein Planet, der dem unseren genau gleicht, mit den gleichen Gebirgen, den gleichen Flüssen, den gleichen Meeren und den gleichen Bewohnern.[24] Auch dort gibt es einen großen Pythagoras, der spricht, und auch dort gibt es einen kleinen Heraklit, der zuhört, aber so tut, als höre er nicht zu. Aber nicht genug damit: Die zehn größten

[24] Aristoteles, *De caelo*, II 13, 293 a, 18

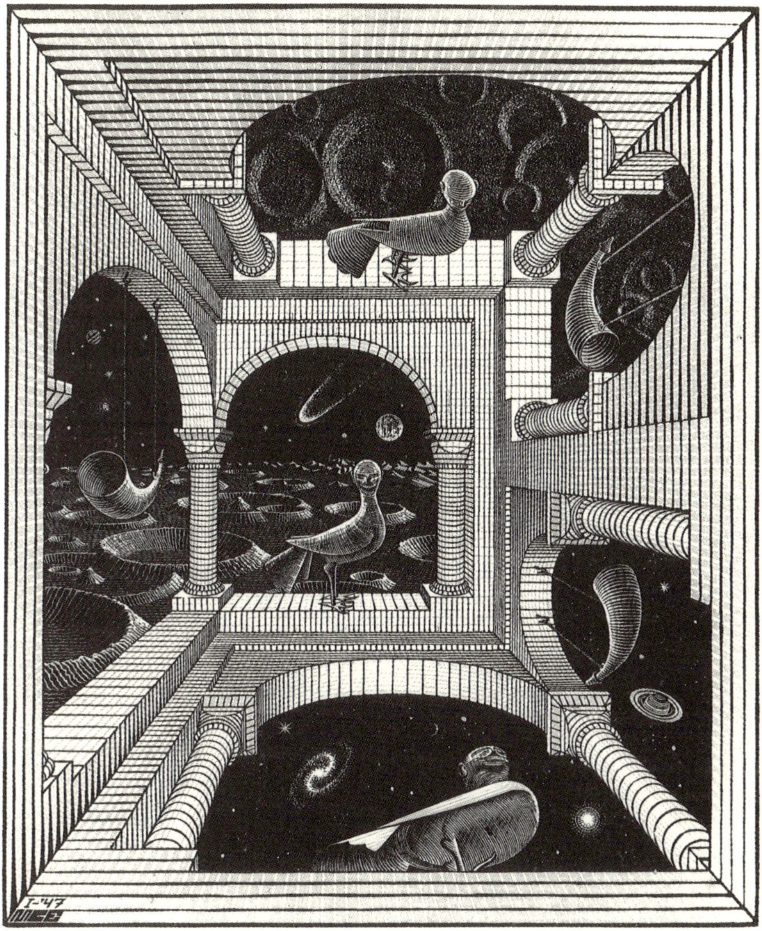

Ein unsichtbarer Planet namens Gegenerde.

M. C. Escher, Andere Welt
© 1995 M. C. Escher/Cordon Art – Baarn – Holland.
All rights reserved.

Himmelskörper senden eine wunderschöne Musik aus, die das menschliche Ohr nicht wahrnehmen kann.»

«Und warum kann es sie nicht wahrnehmen?» fragen einige.

«Weil sie unaufhörlich erklingt und daher eins mit der Stille wird.»

Nun schweigen alle in der vergeblichen Hoffnung, die «Musik der Stille» hören zu können. Aber durchs offene Fenster dringt nur fernes Hupen von der Küste herein.

«Nun wäre Heraklit an der Reihe...», wagt Nikotas einzuwerfen.

«Doch der ‹kleine› Heraklit hat nichts zu sagen!» wendet der Dunkle spöttisch ein.

«Warum willst du uns nicht erleuchten?» fragt Nikotas, innerlich stöhnend.

«Weil die ‹Großen› länger sprechen dürfen.»[25]

«Höre, o Sohn des Blyson», bittet Nikotas sanft, «wir haben dein Buch *Über die Natur* gelesen und kennen deine Verehrung des Feuers. Wir sind auch begeistert, daß uns jemand die Theorie des Werdens erklären kann. Aber nun versetze dich einmal in unsere Lage: Wie sollen wir auf das Vergnügen verzichten, diese Theorie bei einem so eindrucksvollen Philosophentreffen wie diesem heute nacht von ihrem Verfasser selber zu hören? Also sei bitte so liebenswürdig und sprich ein einziges Mal auch in der Öffentlichkeit, erkläre uns deine Vorstellung, so daß wir alle uns ein Urteil bilden können!»

Unverhofft findet seine Bitte Gehör. Heraklit murmelt zunächst etwas Unverständliches und fängt dann zu spre-

[25] Diogenes Laertios, a. a. O., IX 1 12

chen an, wobei er allerdings seinen Zuhörern den Rücken zuwendet und ins Feuer starrt.

«Ich bin ehrlich gesagt nur gekommen, um zuzuhören», beginnt er. «Aber da ihr nun unbedingt die Wahrheit hören wollt, bitte ...»

Pause. Tiefes Schweigen. Es herrscht vielleicht noch größere Stille als bei der Rede von Pythagoras.

«Was ist für euch erhabener oder, anders ausgedrückt, gemeiner: aufwärts zu gehen oder abwärts zu gehen?» fragt Heraklit die Anwesenden.

Keiner antwortet, und die Frage war auch, ehrlich gesagt, nicht gerade verständlich gewesen. Was meint er nur? überlegt Nikotas. Wieso soll aufwärts oder abwärts gehen erhaben und gemein sein?

«Meinst du vielleicht die hohen und die niedrigen Gefühle?» fragt er laut. «Oder das Verhalten der Bürger in der *Polis*? Oder all die Regeln, die die auserwählten Seelen befolgen sollten?»

Aber Heraklit fährt unerschütterlich fort.

«Ist es eurer Meinung nach erhabener, steile Wege emporzuklettern oder in den Niederungen herumzuscharren? Die höheren Grade der Vernunft zu erreichen oder in den niedrigsten Ebenen der Lust zu versinken?»

Als erster erhebt Thales Einspruch.

«O Heraklit von Ephesos, deine Fragen sind so abgedroschen, daß sie keine Antwort verdienen. Bist du vielleicht ein Prediger von Selbstverständlichkeiten geworden? Das möchte ich, Thales von Milet, dich fragen.»

«Und ich antworte Thales von Milet: Nicht das Selbstverständliche erschreckt mich, sondern die Oberflächlichkeit meiner Mitmenschen! Wenn das nach oben Strebende für dich so selbstverständlich das Bessere ist, dann erkläre mir doch einmal, warum dir das Wasser lieber ist als das Feuer? Hast du denn nicht bemerkt, daß dieses, wo es nur kann, einen Weg nach unten sucht, während jenes immer seine Arme zum Himmel emporstreckt?»

«Aber ich, Thales, habe doch nie verlangt, daß du das Wasser wie einen Gott verehren sollst. Ich habe einfach nur die Hypothese aufgestellt, daß es der Ursprung des Universums war. Wenn du dieses Verdienst natürlich lieber den Göttern zusprechen willst...»

«Völlig falsch», fällt ihm Heraklit ins Wort. «Der Kosmos wurde nicht von den Göttern geschaffen, sondern vom Feuer, das, wie alle wissen, nach Maßgabe gewisser Umläufe aufflammt und wieder verlischt.» (F 28)

«Was soll denn das heißen, ‹nach Maßgabe gewisser Umstände›?» platzt Melissos heraus, der schon während des ganzen Vortrags von Heraklit deutlich seinen Widerwillen zum Ausdruck bringt.

Nikotas zieht Melissos heftig am Arm und fragt dann in seinem liebenswürdigsten Ton:

«Was heißt ‹nach Maßgabe›?»

«Daß es die vom *Logos* bestimmte Grenze nie überschreitet», erklärt Heraklit. «Sonst würde es von den Erinnyen verfolgt und bestraft. (F 33) Auf diese Weise bringt das Feuer die Jahreszeiten hervor und schafft den Sommer, den Winter, den Herbst und den Frühling.» (F 35)

«Das ist ja eine großartige Entdeckung!» würde Archytas gern ausrufen, doch ein strenger Blick von Nikotas bremst ihn gerade noch rechtzeitig.

«Am Beginn unseres Zeitalters verwandelte sich das

Feuer in das Meer» (F 25), fährt Heraklit fort. «Danach verwandelte sich die Hälfte des Meeres in Erde, die andere in Luft. (F 29) Die Grenzen des Weltalls sind auf der einen Seite Aurora und Venus, auf der anderen der Bär und der strahlende Zeus.» (F 34)

Offensichtlich spricht Heraklit von den vier Himmelsrichtungen, vom Morgen- und Abendstern, vom Nord- und Südpol.

«Wie groß ist aber das Universum?» fragt wieder Archytas, der keine fünf Minuten still sein kann.

«Es ist gleichzeitig endlich und unendlich. Es ist wie ein Drachen, der sich in den eigenen Schwanz beißt», erwidert Heraklit und nimmt damit Einstein um zweitausendfünfhundert Jahre vorweg.

Nach dieser letzten Behauptung sitzen alle sprachlos da, nur Thales, der sich von dem Angriff auf seine Person noch nicht erholt hat, nutzt jetzt die Gelegenheit, den Dunklen anzufahren:

«Ich, Thales von Milet, frage dich, Heraklit von Ephesos: Was meinst du mit ‹gleichzeitig endlich und unendlich›? Wenn eine Sache endlich ist, kann sie meiner Meinung nach nicht gleichzeitig unendlich sein. Das versteht doch jedes Kind! Wenn du uns hier verblüffen wolltest, ist dir das gelungen, aber wenn du die Wahrheit suchst, dann muß ich dir sagen, daß du noch weit davon entfernt bist. Thales von Milet sagt dir das.»

«Ich meine», erläutert Heraklit, «man muß alles mit dem vielseitigen Blick des Geistes sehen, denn die Natur liebt es, sich zu verbergen.» (F 57)

Und nun versucht der Philosoph von Ephesos, seine Relativitätstheorie zu erklären.

«Die Esel ziehen Spreu dem Golde vor. (F 21) Schweine erfreuen sich am Dreck mehr als an reinem Wasser (F 22), deshalb baden sie lieber im Schlamm und die Hühner in Asche...» (F 23)

«Wozu erzählst du das hier?»

«Damit wir uns hüten, alles nur nach menschlichen Maßstäben zu beurteilen. (F 65) Ich fechte euch nicht als Personen an, sondern ich fechte eure irrigen Meinungen an. Auch der Angesehenste kann eine Meinung haben, die weit von der Wahrheit entfernt ist.» (F 46)

«Das ist auch besser so», mischt sich Nikotas ein. «Gestatte aber nun Empedokles, uns seine Evolutionstheorie zu erklären.»

Empedokles, der Darwin des klassischen Zeitalters, erhebt sich. Er trägt eine purpurne Tunika, einen goldenen Gürtel, eherne Sandalen und einen delphischen Kranz zu Ehren Apollos.

«Am Urbeginn der Zeiten versuchten Feuer, Luft, Wasser und Erde sich miteinander zu vereinigen, in der vergeblichen Hoffnung, Lebewesen zu zeugen. Die ersten Versuche waren erschreckend. Da sah man halslose Schläfen umherirren, einzelne Arme ohne Schultern, einsame Augen ohne Stirnen, Schleppfüßige mit unzähligen Händen, Rinderleiber mit menschlichen Köpfen und Menschenleiber mit Ochsenköpfen. Es war also eine Welt voller Ungeheuer, deren einzelne Teile nicht von einem ordnenden Verstand, sondern vom chaotischen Zufall zusammengefügt worden waren. Man sah Tiere mit sechs Beinen, andere mit acht Beinen umherstreifen oder solche mit vier Augen, aber ohne Kopf. Im Laufe der Zeit gingen aber dann die schlimmsten Mißgestalten ein, und nur jene Lebewesen, deren Gliedmaßen besser zusammenpaßten, blieben am Leben. Auf diese Weise entstand das Menschengeschlecht. Gebildet hatten es zwei Gottheiten: Eros und Eris, die Liebe und die Zwietracht. Sie waren wie zwei Köche, die mit nur vier Zutaten kochen mußten. Manchmal war die Liebe stärker, und in dem Fall begehrten die Geschöpfe einander. Manchmal aber siegte auch die Zwietracht, und dann haßten sie sich gegenseitig. Im ersten Fall herrschte das parmenidische Seiende ungestört, im zweiten das heraklitische Werden. Empedokles hat gesprochen.»

«Danke, Empedokles, für deine eindrucksvolle Beschreibung», lobt Nikotas. «Nun möchten wir aber gern von Heraklit hören, wie er sich die Sonne und die übrigen Gestirne vorstellt. Wir wissen ja, daß er lange auf den Bergen gewesen ist, und dort hat er gewiß viele Sternennächte gesehen.»

Heraklit läßt sich Zeit und stochert im Kaminfeuer, bis er schließlich leise, als würde er zu sich selber sprechen, sagt:

«Die Sonne ist so groß, wie sie erscheint.[26] Sie scheint einen Höcker zu haben, denn sie ist muldenförmig.[27] Diese Mulde dreht sich manchmal, und dann kehrt sich die hohle Seite nach oben, während sich die konvexe nach unten dreht. In solchen Fällen kommt es zur Sonnenfinsternis.»[28]

«Und der Mond?» fragt Archytas.

«Auch der Mond ist muldenförmig, und auch er hat Finsternisse.»[29]

[26] Diogenes Laertios, a. a. O., IX 1 7
[27] Aetios, *Doxographi graeci*, 22, 2, 352
[28] Ebd., 24, 3, 354
[29] Ebd., 27, 2, 358

Da sah man halslose Schläfen herumirren, einzelne
Arme ohne Schultern, einsame Augen ohne Stirn,
Schleppfüßige mit unzähligen Händen.

M. C. Escher, Schwerkraft
© 1995 M. C. Escher/Cordon Art – Baarn – Holland.
All rights reserved.

Nikotas bemerkt, daß Anaxagoras vor Ungeduld, endlich zu Wort zu kommen, fast vergeht, daher dankt er Heraklit mit warmen Worten, um nun den Lehrer des Perikles aufzurufen.

«Dank und nochmals Dank, o Heraklit, daß du uns erleuchtet hast. Nun ist unser Anaxagoras an der Reihe, uns sein Denken zu erläutern.»

Nous, der Geist, wie ihn die Athener nannten, blickt sich ratlos um, denn seiner Ansicht nach ist dieses ganze Streitgespräch hier allzu seicht für einen Mann seines Kalibers. Hier gab es zu viele Gäste und ganz gewiß nicht alles große Leuchten.

Dieser Archytas zum Beispiel, wer hatte den eigentlich eingeladen? Und auch Melissos war doch eigentlich kein Philosoph, sondern ein Admiral, und Admiräle neigen bekanntlich zu abstraktem Denken. Gut, die Alten aus Milet gehörten nun einmal dazu, aber die anderen hätte man ruhig etwas strenger auswählen sollen. Doch jetzt kann er nur noch gute Miene zum bösen Spiel machen und, in der Hoffnung, daß der eine oder andere Anwesende ihn verstehen wird, das Universum so einfach wie möglich erklären.

«Am Anfang gab es nur die Homöomerien, nämlich die kunterbunt aufgehäuften Ursubstanzen, und hierin bin ich einer Meinung mit Heraklit, wenn er sagt: ‹Das Leben ist ein Knabe, der die Steine eines Brettspiels hin und her schiebt.› (F 36) In frühester Zeit geschah nämlich alles zufällig, es hätte also ebensogut auch nicht geschehen können. Dann kam der Verstand und wirbelte die Homöomerien durcheinander: Die schweren, dichten, feuchten, kalten sammelten sich in der Mitte und wurden die Erde.

Die leichten, trockenen, hellen und warmen drängten an den Rand und bildeten den Äther.[30] Aber der Schein trügt: In jedem auch noch so kleinen Ding sind immer alle Homöomerien enthalten. Und wenn ich sage, daß die leichten sich an den Rand drängten und die schweren in die Mitte, so gilt dies für fast alle; die übrigen hingegen drangen in alles ein. Wenn wir bei einem Tisch nur die Homöomerien des Holzes sehen, so kommt das daher, daß es von diesen mehr gibt und sie sich außen, in der vordersten Reihe, angeordnet haben. Denn anders könnte man doch nicht erklären, warum Fleisch, das wir gegessen haben, sich bei der Verdauung in Knochen, Nerven, Haut, Nägel, Flügel und sogar Hörner verwandelt. Damit wird also klar, daß aus einem Haar ein Nichthaar entstehen kann.»[31]

«Ich danke dir, o Geist, daß du uns von den Homöomerien gesprochen hast», sagt Nikotas. «Aber über die Gestirne haben wir noch nichts gehört. Wie ist die Sonne beschaffen? Wie ist der Mond beschaffen? Wie entstehen die Sterne? Ich weiß, daß du viele Nächte auf dem Berge Mimantes verbracht und sie beobachtet hast.[32] Zu welchem Schluß bist du gekommen?»

«Die Sterne sind glühende Steine, die schwindelerregend schnell am Himmel kreisen, bis sie bei einer plötzlichen Verlangsamung auf die Erde stürzen.[33] Ich selbst habe einmal einen solchen Sturz vorhergesagt.[34] Der Mond

[30] Vgl. G. Giannantoni (Hg.), a. a. O., S. 607
[31] Ebd., S. 574
[32] Philostratus, *Vita Apollonii*, 16, 57
[33] Hippolytus von Rom, a. a. O., I 8, 6, 9
[34] Anaxagoras war tatsächlich bekannt als derjenige, der «das Herabfallen eines Steines vom Himmel vorhergesagt hatte». Plinius d. Ä., *Naturalis historia*, II 149–150; Diogenes Laertios, a. a. O., II 10

Man sah Tiere mit acht Beinen umherstreifen.

M. C. Escher, Treppenhaus
© 1995 M. C. Escher/Cordon Art – Baarn – Holland.
All rights reserved.

hingegen ist ein kalter Stein, der sein Licht von der Sonne erhält.[35] Da seine Umlaufbahn niedriger ist als die der Sonne, bewirkt er hin und wieder Sonnenfinsternisse.[36] Eines Tages fiel ein Löwe namens Nemeos vom Mond.[37] Dieser ist nämlich bewohnt wie die Erde und hat Gebirge, Hügel, Schluchten und Häuser.[38] Die Winde entstehen durch Verdünnung der von der Sonne erhitzten Luft.[39] Donner durch den Zusammenprall von Wolken. Erdbeben durch die im Erdinnern eingeschlossenen Luftmassen. Kometen sind flammende Planeten, die einen Funkenschweif hinter sich herziehen.[40] Die Sonne ist größer als der Peloponnes.»[41]

Demokrit schüttelt schon die ganze Zeit den Kopf, er möchte dieses ganze Gespräch auf eine etwas wissenschaftlichere Ebene heben. Schließlich ist er hier der einzige, der dazu die Voraussetzungen mitbringt. Nicht umsonst ist Leukipp sein Lehrer gewesen, der als erster die Theorie von den Atomen aufgestellt hat, von den kleinsten in der Natur vorkommenden Elementen, die nicht mehr teilbar sind.[42]

«Die Welt besteht aus den Atomen und der Leere, meine Herren»[43], sagt er jetzt. «Die Atome sind unzählige, völlig kompakte und daher unteilbare Korpuskeln, die von ihren

[35] Plutarch, *De facie in orbe lunae*, dt. «Das Mondgesicht», Zürich 1968, 16 929B

[36] Hippolytus von Rom, a. a. O., I 8, 9

[37] Vgl. G. Giannantoni (Hg.), a. a. O., II, S. 585

[38] Ebd., II, S. 587; Diogenes Laertios, a. a. O., II 8

[39] Hippolytus von Rom, a. a. O., I 8, 11

[40] Diogenes Laertios, a. a. O., II 9

[41] G. Giannantoni (Hg)., a. a. O., II, S. 585; Diogenes Laertios, a. a. O., II 8

[42] *átomos*, griech.: unteilbar(er Urstoff)

[43] Vgl. G. Giannantoni (Hg)., a. a. O., II, S. 681

Eigenschaften her alle gleich sind, sich aber in ihrer Größe und der geometrischen Form unterscheiden. Es gibt würfelförmige, pyramidenförmige, zwölfflächige und so weiter. Und es gibt runde, die die Seele bilden.»

«Und die Leere?»

«Die Leere ist im Unterschied zu dem ‹Etwas› *(to hén)* ein ‹Nichts› *(oudén)*, das ebenso existiert. Man braucht nur einen Apfel mit einem Messer durchzuschneiden, um zu merken, daß es zwischen den Atomen, aus denen er gebildet ist, einen leeren Raum gibt, sonst wüßte die Klinge nicht, wo sie durchdringen soll.»

«Ich bezweifle nicht, was du sagst, o Demokrit, aber ich muß dich doch fragen: Wer hat denn die Atome geschaffen? Ein Gott? Oder vielleicht das Feuer, wie uns Heraklit hier lehrt?»

Der Einwand kommt von Nikotas, aber aus dem allgemeinen zustimmenden Gemurmel ist zu schließen, daß alle gern diese Frage beantwortet haben möchten. Doch Demokrit fährt ungerührt fort:

«Die Atome sind ewig, sie sind nie geboren und werden nie sterben[44]: Sie drehen sich im Wirbel *(dìnos)* und prallen von Zeit zu Zeit aufeinander. Durch Aufprall *(apopàllesthai)*, Rückprall *(synkroùesthai)*, Stöße *(palmoi)* und Vorbeistreifen *(epíspaseis)* entstehen Zusammenballungen, nämlich die Dinge, die wir in der Natur finden.»

«Sei mir nicht böse, o Meister», beharrt Nikotas, «in einem Punkt ist mir deine Theorie nicht ganz klargeworden...»

«Frag nur, o Nikotas.»

[44] Plutarch, *Stromata*, 7

«Am Anfang waren die Atome, aber noch nicht die Dinge. Daher muß ich annehmen, daß sich die Atome auf parallelen Bahnen bewegten, sonst wären sie doch schon früher aufeinandergetroffen und hätten die Schöpfung hervorgebracht. Daher frage ich dich: Wie kam es zu dem ersten Zusammenprall? Wer hat das erste Atom aus seiner Bahn gelenkt und damit den ersten Aufprall ausgelöst?»

«Es kam tatsächlich zu einer Neigung[45], durch die zwei Atome aufeinandergestoßen sind. Diese Neigung wurde allerdings nicht von der Liebe und der Zwietracht ausgelöst, sondern vom Zufall.»

«So wird es wohl sein», schließt Nikotas. «Aber es ist spät geworden. Die Nacht ist wie im Fluge vergangen. Gehen wir nun alle nach Hause und denken über das nach, was hier gesagt worden ist.»

Beim Hinausgehen diskutieren alle noch weiter über die verschiedenen Hypothesen, vor allem über die beiden letzten, die Anaxagoras und Demokrit aufgestellt haben. Der einzige, der sich mit niemandem unterhält, ist wie immer Heraklit. Er geht mit einem gewissen Abstand von den andern hinaus, betrachtet die gerade aufgehende Sonne und murmelt:

«Wenn die Sonne nicht wäre, wäre es Nacht.» (F 32)

[45] Von Epikur *parénklisis*, von Lucretius Carus *clinamen* genannt

XI
Wissen

Es ist schon fünf Uhr früh. Heraklit hat keine Lust mehr, schlafen zu gehen. Ich hingegen falle vor Müdigkeit fast um. Vergebens schlage ich ihm vor, ins Hotel San Pietro zurückzukehren. Er erwidert, daß er jetzt schon seit fünfundzwanzig Jahrhunderten die ewige Ruhe genieße und endlich wieder einmal eine Morgendämmerung am Meeresstrand erleben wolle. Vergebens erkläre ich ihm, daß man von Positano aus die Morgendämmerung nicht sehen könne, da die Sonne hinter den Bergen von Agerola aufgehe. Er erzählt beharrlich weiter von einem Morgen, als er nach Epidauros ging und dort die Sonnenscheibe so herrlich aus dem Wasser aufsteigen sah. Und noch nicht einmal naß sei sie gewesen! «Ein Symbol für die alles beherrschende Kraft des Feuers», meint er. Also begleite ich ihn zur Marina Grande. Soll er sich doch selber eine Vorstellung von der Morgendämmerung am Strand von Positano machen! Danach aber möchte ich unbedingt schlafen, und wenn ich mich auf eine der zahllosen Sonnenpritschen lege, die hier am Strand aufgereiht sind.

H: «Wem gehören denn diese Lager?»

D: «Die gehören zu einem Strandbad. Schon in wenigen Stunden werden sie alle besetzt sein.»

H: «Von wem?»

D: «Von den Badegästen.»

H: «Wozu?»

D: «Um ein Sonnenbad zu nehmen?»

H: «Ein Sonnenbad im Sommer?»

D: «Ja, im Sommer. Warum wundert dich das?»

H: «Weil es sehr heiß ist und deine Mitbürger besser daran täten, Schatten zu suchen. Im Winter würde ich es ja noch verstehen!»

D: «Im Winter gehen sie lieber in den Schnee.»

H: «Dann sind sie ja noch dümmer als die Ephesier: Wenn es heiß ist, legen sie sich in die Sonne, und wenn es kalt ist, gehen sie in den Schnee. Wenn ich das in der Vorhölle erzähle, glaubt es mir keiner.»

D: «Das kommt darauf an. Wenn du es einem meiner Zeitgenossen erzählst, wird er es dir schon glauben; ein Philosoph aus deiner Zeit wohl nicht. Hast du übrigens in der Vorhölle viele Philosophen getroffen?»

H: «Unmöglich, ihnen aus dem Weg zu gehen! Sie sind alle da.»

D: «Und was hältst du nun von ihnen, oder vielmehr, was hältst du von der Philosophie? Was ist überhaupt die Philosophie?»

H: «Nicht einfach zu erklären, aber ich kann es ja versuchen: Gehen wir einmal davon aus, daß sich alle denkbaren Argumentationen in drei große Gruppen einteilen lassen: in solche, die man glaubt, in solche, die man weiß und in solche, die man nicht weiß.»

D: «Gut, und dann?»

H: «Diejenigen, die man glaubt, gehören in den Bereich der Religion. Diejenigen, die man weiß, in jenen der Wissenschaft, und diejenigen, die man nicht weiß, in den Bereich der Philosophie.»

D: «Soll ich nun daraus schließen, daß der Philosoph per Definition einer ist, der nicht weiß?»

H: «Genau. Er ist freiwillig ein Unwissender. Einer, der jeden Satz mit dem Wort ‹vielleicht› beginnen müßte.»

D: «Also nicht wie Pythagoras.»

H: «Pythagoras ist kein Philosoph, er ist eher so etwas wie der Anführer einer religiösen Sekte.»

D: «Und Sokrates?»

H: «Er ist scheinbar ein Philosoph.»

D: «Warum scheinbar?»

H: «Weil er mit Worten behauptet, nicht zu wissen, in Wirklichkeit ist er aber unbeschreiblich anmaßend. Wie man bei Platon nachlesen kann, meint er wohl, als einziger den Schlüssel zur Wahrheit zu besitzen, während alle andern nur eine Masse von Geistesschwachen sind, die im dunkeln tappen. Etwas Entwürdigenderes kann ich mir gar nicht vorstellen, als in einem seiner *Dialoge* als Gesprächspartner von Sokrates aufzutreten und immer sagen zu müssen: ‹Wohl gesprochen, o Sokrates› oder ‹So ist es, o Sokrates› oder ‹Was du sagst, ist richtig, o Sokrates›. Da kann einem doch nur übel werden.»

D: «Schon, aber dies ist eben die mäeutische Technik: vom Dunkel auszugehen, um ans Licht zu gelangen.»

H: «Ja, aber Sokrates erweckt so den Eindruck, daß nur er allein die Wahrheit kennt oder wenigstens den Weg, zu ihr zu gelangen.»

D: «Du bist zu streng! Einem Meister sollte man auch ein bißchen Anmaßung zugestehen.»

H: «Keinesfalls! Ein wahrer Meister muß immer Schüler bleiben. In Elis hatte sich einst um Pyrrhon eine Gruppe von Denkern gebildet. Ich erinnere mich vor allem an drei von ihnen: Timon von Phlius, Hekateios von Abdera und Nausiphanes von Theo. Ihre Devise war, immer nur zu suchen und nie zu finden. Die Leute zeigten mit dem Finger auf sie und nannten sie *Zetetiker.*[1] Sie übten *apateia, epoché* und *aporein*, das heißt Leidenschaftslosigkeit, Zurückhaltung des Urteils und ständigen Zweifel. Das waren wirkliche Philosophen, nicht wie diese drei Besserwisser Sokrates, Platon und Aristoteles!»

D: «Wer weiß, warum die Philosophen immer den Eindruck erwecken, als einzige die große Wahrheit zu verkünden. Als Junge im Gymnasium habe ich mich für jeden Denker begeistert: ‹Der ist gut›, rief ich aus, ‹der hat wirklich alles durchschaut!› Aber kaum beschäftigte ich mich dann mit einem anderen Philosophen, ließ ich mich von diesem überzeugen.»

H: «Das kommt daher, daß du nur auf die verführerische Form und nicht auf den Inhalt geachtet hast.»

D: «Was meinst du denn mit ‹Form›?»

H: «Viele unserer Denker benutzen, um den Gestank ihres eigenen Unwissens zu überdecken (F 67), den Duft der ‹Form›, was viele Gefahren mit sich bringt.»

D: «Welche denn?»

H: «Die Gefahr, daß man sich vom *Logos* entfernt und das Wahre mit dem Schönen verwechselt.»

D: «Genau habe ich das ja nicht verstanden, aber ich möchte doch wissen, was du eigentlich gegen das Schöne hast.»

H: «Es lenkt ab.»

D: «Erkläre mir das an einem Beispiel.»

[1] *zetéin*, griech.: «suchen»; *epoché*: «Zurückhaltung»; *aporein*: «zweifeln»

H: «Heute abend hast du Nikotas Zoramuzio kennengelernt, jetzt sag mir, ob du ihn schön findest.»

D: «Wen, Zoramuzio? Richtig schön eigentlich nicht. Aber er hat seine Sache sehr gut gemacht.»

H: «Dies bedeutet, daß bei der Wahl des Moderators der *Logos* entschieden hat. Diese blonde Ansagerin im RAI-Kanal hingegen war wunderschön, hat ihre Sache aber alles andere als gut gemacht. Dies bedeutet, daß die Männer nach Inhalt, die Frauen aber nach der äußeren Form ausgewählt werden, und das ist nicht nur ungerecht, sondern auch eine Absage an den *Logos*.»

D: «Viele von euch hassen das Schöne.»

H: «Fast alle: Diogenes etwa verabscheute es. Er wurde einmal in das schönste Haus von Athen zu einem Fest eingeladen. Wohin man blickte, gab es darin nur ungewöhnlich schöne Gegenstände: Teppiche, Möbel, Ziergerät, Bilder. Alles war wunderschön, auch die kleinste Kleinigkeit. Der Hausherr, der nicht nur der reichste aller Griechen war, sondern auch einen erlesenen Geschmack besaß, hatte jeden einzelnen Gegenstand selber ausgesucht.»

D: «Und dann?»

H: «Und dann kam Diogenes herein, sah sich um und spuckte dem Gastgeber ins Gesicht. ‹Entschuldige›, sagte er, während er ihn mit seinem Mantel reinigte, ‹ich mußte unbedingt ausspucken, und das einzig Häßliche, das ich in diesem Haus finden konnte, war dein Gesicht!›»

D: «Sehr lustig. Aber jetzt sieh doch mal, wie schön diese Morgendämmerung ist! Die Sonne ist gerade erst aufgegangen, die Luft ist rein, und irgendwoher kommt der Duft von Zitronenblüten. Findest du diese Morgendämmerung nicht auch magisch?»

H: «Nicht für den Fischer.»

D: «Warum für ihn nicht?»

H: «Weil er solche Augenblicke jeden Tag erlebt. Wir nennen das in Griechenland *suneteia.*»

D: «Und wir Routine.»

H: «Dem Fischer sagt die Schönheit der Frühe nichts mehr. Er hat wirklich genug von diesen magischen Morgendämmerungen und könnte gern darauf verzichten. Das Interesse wird durch Neugier geweckt und durch die Sättigung zerstört.»[2]

D: «Nun, das geht doch allen so: Auch das größte Vergnügen wird, wenn man es mehrmals erlebt, zur Gewohnheit.»

H: «Nicht, wenn man das Wissen zu seinem Lebensziel gewählt hat.»

D: «Warum?»

H: «Weil das Wissen grenzenlos ist. Es ist ein grundloses, von unendlich vielen Fragen durchfurchtes Meer.»

D: «...folglich auch von unendlich vielen Antworten...»

H: «Die Antworten sind nie so wichtig wie die Fragen. Wehe, wenn es einmal keine Fragen mehr gibt! Zum Glück liefert uns das Feuer in seiner grenzenlosen Weisheit einen unerschöpflichen Vorrat. Der Philosoph zeichnet sich weniger durch sein Wissen als durch seine Neugier aus.»

D: «Aber ist es denn nicht entmutigend, wenn man immer wieder von vorne anfangen muß?»

H: «Im Gegenteil! Entmutigend ist nur, wenn man nach nichts mehr suchen kann. Deshalb war Sisyphos auch ganz

2 Heraklit zufolge ist das Feuer intelligent und ordnet die Welt. Er nennt es auch «Bedürfnis und Sättigung». Bedürfnis, wenn es etwas aufbaut, Sättigung, wenn es zerstört. Vgl. Hippolytus von Rom, a. a. O., S. 243

Es ist ein grundloses, von unendlich vielen Fragen durchfurchtes Meer.

M. C. Escher, Tiefe

© 1995 M. C. Escher/Cordon Art – Baarn – Holland.
All rights reserved.

sicher glücklich, als er den Steinbrocken wieder ins Tal rollen sah. Dies war die unverzichtbare Voraussetzung, alles wieder von vorn beginnen zu können. Das Leben ist nur lebenswert, solange man ungestilltes Verlangen empfindet.»

D: «Dies galt vielleicht für einen Menschen im fünften vorchristlichen Jahrhundert. Der Mensch des Jahres zweitausend hingegen braucht Sicherheiten. Er verplant seine Zeit und baut auf Vorhersagen.»

H: «Das kann ich kaum glauben! Das schönste Geschenk, das die Götter dem Menschen gemacht haben, ist doch, daß er seine Zukunft nicht kennt! Und das lehnt er einfach ab?»

D: «Er lehnt es nicht nur ab, sondern versucht mit allen Mitteln, seine Zukunft zu erfahren. Wenn er sich morgens die Zeitung kauft, liest er zuerst einmal sein Horoskop.»

H: «Völlig verkehrt! Die Sibylle läßt aus ihrem Munde ernste, schmucklose und rauhe Laute ertönen!» (F 51)

D: «Irgendwie habe ich den Eindruck, Leute, die an etwas glauben, Priester zum Beispiel, sind dir zuwider!»

H: «Keineswegs; ich bin im Gegenteil überzeugt, daß man, ohne zunächst einmal etwas zu glauben, auch zu keiner Erkenntnis kommen kann, allerdings nur, wenn der Glaube vom Zweifel wie von einem Schatten begleitet wird. Wenn man zunächst einmal nicht glaubt, bringt man auch nicht die nötige Aufmerksamkeit mit. Entscheidend ist aber, daß man nach anfänglicher Zustimmung zu zweifeln beginnt.»

D: «Hör mal, o Heraklit: Ich habe gegenwärtig nur zwei Wege, mich den Dingen, die wir nicht wissen, zu nähern, nämlich die Religion und die Philosophie, also den Glauben und den Zweifel. Du hingegen befindest dich schon in der

Vorhölle und weißt alles. Könntest du mir da nicht ein bißchen weiterhelfen?»

H: «Wie denn?»

D: «Indem du mir etwas von dem erzählst, was du schon erfahren hast...»

H: «Stell mir Fragen.»

D: «Beginnen wir mit der Frage Nummer eins: Gibt es Gott?»

H: «Ja, es gibt ihn.»

D: «Und wie ist er? So wie wir? Hat er einen Bart?»

H: «Aber nein, er ist wie das Feuer, oder vielmehr, er ist das Feuer.»[3]

D: «Und geschieht alles nach Seinem entschiedenen Willen oder durch Zufall?»

H: «Gott und der Zufall sind ein und dasselbe.»

D: «Gut, aber zu Gott kann ich beten, zum Zufall nicht.»

H: «Beten ist völlig unnötig. Was geschehen wird, ist schon geschehen, und dies ist ein für allemal vom Feuer bestimmt worden.»

D: «Gut, das habe ich verstanden, aber die Schicksale, hat Gott die bestimmt, oder hat Er sie durch Los zugeteilt?»

H: «Zuerst hat Er sie bestimmt und dann durch Los zugeteilt.»

D: «Damit erinnerst du mich an einen Satz von Anatole France: ‹Der Zufall ist das von Gott gewählte Pseudonym, wenn er nicht persönlich unterschreiben will.›»

[3] Heraklit zufolge ist Gott das zyklische und ewige Feuer und der Logos das Schicksal, das durch die Bewegung der Gegensätze die Dinge hervorbringt. Aetios, *Doxa*, 17, 22

XII

Fragmente

1 Der Krieg ist der Vater von allem, der König von allem: die einen erweist er als Götter, die andern als Menschen; die einen macht er zu Sklaven, die andern zu Freien.
(N 60) (DK 53)[1]

2 Man muß wissen, daß der Krieg etwas Allgemeines ist und daß der Streit zu Recht besteht und daß alles durch Streit und Notwendigkeit entsteht.
(N 61) (DK 80)

Gewöhnliche Sterbliche sind nicht glücklich, wenn sie nicht ständig in Bewegung sein können. Krieg im Sinne eines ständigen Kampfes um irgendein Ziel ist ihr Lebensinhalt. Sehen wir uns den Fall Silvio Berlusconi an: Anfang 1994 war er ein hochgeachteter reicher, mächtiger, mit einer bildschönen Frau verheirateter Mann. Mit anderen Worten, er besaß alles, um glücklich zu sein. Und dennoch hat er sich in die unseligen Gefilde der Politik begeben, um wieder kämpfen, siegen oder vielleicht sogar untergehen zu können. Die höheren Wesen hingegen zeichnen sich dadurch aus, daß sie sich völlig ruhig der Muße hingeben

[1] Die Nummern in Klammern beziehen sich auf die Anordnung der Fragmente bei Nestle und Diels-Kranz. Wir zitieren nach Nestle, mit Ausnahme weniger Fragmente, die nur bei Diels-Kranz erscheinen.

können. Bei Griechen und Römern war *otium*, der Müßiggang, hoch angesehen und ein Ausdruck seelischer Reife.

> 3 Verbindungen gehen ein: Ganzes und Nichtganzes, Übereinstimmendes und Verschiedenes, Akkorde und Dissonanzen; und aus Allem wird Eines und aus Einem Alles.
> (N 62) (DK 10)

Um dieses Fragment in einem Vergleich zusammenzufassen, könnten wir sagen, daß sich Parmenides zu Ptolemäos verhält wie Heraklit zu Kopernikus. Im ptolemäischen Denken nämlich gilt Übereinstimmung als gut, während der Streit böse ist. Kopernikus hingegen meinte das Gegenteil: Immobilität bedeutet Tod, Widerstreit aber Leben.

> 4 Unsterbliche sind sterblich, Sterbliche unsterblich: die einen leben auf im Tod der andern und ersterben in ihrem Leben.
> (N 72) (DK 62)

Ein schwer zu interpretierendes Fragment. Es könnte nämlich sogar als Manifest der Vertreter der Wiedergeburtstheorie herhalten. Aber wir wollen mit den Füßen auf dem Boden bleiben. Unsere Interpretation lautet daher, daß wir zwar Sterbliche sind, dank unserer Kultur aber die Möglichkeit haben, das Leben derjenigen, die vor uns gelebt haben, zu kennen und daher nachzuerleben, ebenso wie wir in jenen weiterleben können, die nach uns kommen werden.

5 Das Entgegengesetzte paßt zusammen, aus dem Verschiedenen ergibt sich die schönste Harmonie, und alles entsteht auf dem Wege des Streites.
(N 63) (DK 8)

Wie jeder Drehbuchautor weiß, schleppt sich eine Geschichte, in der es keine Widerstände zu überwinden gibt, öde dahin. Wenn keine Spannung da ist, langweilt sich der Zuschauer. Einen Roman wie *Die Verlobten* von Manzoni würde doch kein Mensch lesen, wenn alle – Renzo, Lucia, Don Rodrigo und Don Abbondio – sich immer nur wunderbar verstehen würden.

6 Sie verstehen es nicht, wie das Verschiedene unter sich übereinstimmt: es ist eine rückwärts gewandte Harmonie wie beim Bogen und der Leier.
(N 64) (DK 51)

Lassen wir einmal den Bogen und die Leier außer acht, und wenden wir uns der Liebe zu. Kann man sich denn eine Liebesbeziehung ohne Spannungen überhaupt vorstellen? Ewig immer nur «Ich liebe dich» – «Ich liebe dich auch» wäre doch tödlich langweilig. Mißklänge hingegen geben der Liebe zum Glück neuen Auftrieb und vertiefen sie noch. Ein Streit, dann die Versöhnung, darauf wieder ein Streit und wieder Versöhnung. Wie gern möchte ich mich wieder einmal verlieben, um richtig streiten zu können!

7 Unsichtbare Harmonie ist stärker als sichtbare.
(N 65) (DK 54)

Nur eine einzige Frau in meinem Leben hat mich nie enttäuscht: Sie lebte in New York und ich in Rom.

8 Gott ist Tag und Nacht, Winter und Sommer, Krieg und Friede, Sättigung und Hunger. Er verwandelt sich wie der Wein, wenn er mit Gewürzen vermengt wird, und wird dann, wie dieser, nach dem Geschmack eines jeden benannt.
(N 76) (DK 67)

9 Krankheit macht die Gesundheit angenehm, Schlimmes das Gute, Hunger die Sättigung, Anstrengung die Ruhe.
(N 67) (DK 111)

Wie man es auch drehen und wenden mag, Heraklit bedient sich immer der Gegensätze, um das Leben zu preisen: Durch die Anstrengung wird die Ruhe erst angenehm, durch den Schmerz das Vergnügen groß, durch den Hunger das Essen eine Lust.

Und in diesem Zusammenhang fällt mir ein Streit ein, der sich einmal in einer neapolitanischen Trattoria zwischen dem Wirt und einem Gast zugetragen hat. Streitobjekt: allzu weichgekochte Spaghetti. Nach einer Weile sah der Wirt seinen Gast mitleidig an und rief aus: «Unser ganzes Übel kommt daher, daß wir Leute bedienen müssen, die keinen Hunger haben!»

10 Sich wandelnd ruht es aus.
(DK 84)

Jeden Vormittag lese ich meiner Arbeit zuliebe griechische und lateinische Klassiker. Zum Ausgleich schaue ich mir dann nach dem Mittagessen im Fernsehen junge Mädchen an.

11 Das Kalte wird warm, das Warme kalt, das Feuchte trocken, das Dürre naß.
(N 66) (DK 126)

Und man könnte noch ergänzen, daß mit der Zeit auch das Schöne weniger schön und das Häßliche weniger häßlich wird. Schönheit und Häßlichkeit sind Kennzeichen, die nur anfangs gelten; im Laufe der Zeit tendieren sie dazu, sich einander anzunähern.

Man stelle sich einmal vor, eine sehr schöne oder, was auf dasselbe hinausläuft, eine sehr häßliche Frau zu heiraten; zehn Jahre danach wird einem die Schöne nicht mehr so atemberaubend schön und die Häßliche ganz passabel vorkommen. Kurz, man gewöhnt sich an alles, selbst an Aphrodite.

12 Des Bogens *(biós)* Name ist Leben *(bíos)*, seine Wirkung Tod.
(N 75) (DK 48)

Es gibt nichts, das nicht zugleich Leben und Tod bedeutet. Die schneebedeckten Gipfel der Alpen, die Kanäle von Venedig, der Vesuv bei Neapel sind zugleich das Schöne und der Fluch dieser Gegenden, denn in Gestalt von Lawinen, Hochwasser und Vulkanausbrüchen bedeuten sie dem Damoklesschwert gleich eine ständige Bedrohung. Nur eine völlig reizlose Landschaft läßt einen ruhig schlafen.

Aber gibt es die überhaupt?

13 Des Wollkamms Bahn ist, obgleich gerad und krumm, ein und dieselbe.
(N 73) (DK 59)

Obgleich sich die Schraube des Wollkamms um sich selber dreht, bewegt sie sich in gerader Linie. Giorgio Colli, der die modernste italienische Heraklit-Ausgabe herausgegeben hat, übersetzt dieses Fragment so: «Die Straße der Maler kann gerade und krumm sein.» Die Malerei ist eines der vielen vom Menschen ersonnenen Mittel, um Gefühle auszudrücken; manchmal gelingt ihr das, manchmal auch nicht. Denn damit Kunst entsteht, muß der Maler, aber auch der Betrachter, eine sensible Seele haben. Dabei ist der Weg das Malers vielleicht gerade und der des Betrachters vielleicht krumm, entscheidend ist nur, daß sich beide begeistern lassen.

14 In der Peripherie des Kreises fällt Anfang und Ende zusammen.
(N 74) (DK 103)

Wir alle haben uns mindestens einmal im Leben gefragt: Wie ist das Universum beschaffen, ist es endlich oder unendlich? Nun, nach Meinung der Wissenschaftler ist diese unsere Welt endlich und gekrümmt, vorstellbar demnach als eine Art vierdimensionale Kugel, die endlos durchquert werden kann. Einstein hat es in einem anschaulichen Bild so ausgedrückt: Wenn ein Mensch mit guten Augen vorwärts blickt und ganz genau hinsieht, müßte er seinen eigenen Nacken erkennen können. (Vergleiche auch Fragment 129)

15 Der Weg aufwärts und abwärts ist ein und derselbe. (N 55) (DK 60)

Als ich in der Grundschule war, habe ich mich immer gefragt, wie die Leute am Südpol mit dem Kopf nach unten leben können. Erst in der achten Klasse wurden mir dann die Gesetze der Schwerkraft erklärt. Und was nun den Weltraum betrifft, stellt sich das Problem auf die gleiche Weise. Für einen Raumfahrer, der durch die Galaxien reist, gibt es nicht nur kein Oben und Unten, sondern auch keine Zeitdauer, an der er sich orientieren kann. Ein Jahr Urlaub im Sternbild der Andromeda zum Beispiel entspricht nicht einem irdischen Jahr. Schwer vorstellbar, aber unser Universum hat keinen auch noch so winzig kleinen Nordpol oder Südpol und vor allem auch keinen Mittelpunkt, wo man sich verabreden könnte.

16 Wir steigen in denselben Fluß und doch nicht in denselben; wir sind und wir sind nicht.
(N 94) (DK 49 a)

17 Wenn man auch in denselben Fluß steigt, strömen doch immer wieder andere Wasserfluten zu; auch die Seelen steigen wie Dunst aus dem Feuchten empor.
(N 93) (DK 12)

Zu Heraklits Zeiten ließ sich das Prinzip Werden am besten durch die Flüsse veranschaulichen, während wir heute mit dem Fernsehen ein gutes Beispiel haben: Nichts von all dem, was im Fernsehen läuft, hinterläßt Spuren. Vor einigen Tagen sah ich mir mit meiner Tochter ein Programm namens «Schegge» («Splitter») an. Auf dem

Bildschirm erschienen der Reihe nach Silvio Noto, Paolo Carlini, Emma Danieli, Edy Campagnoli und Renato Tagliani. Vor dreißig Jahren waren sie berühmt, aber meine dreißigjährige Tochter kennt sie nicht. Im Unterschied zum Film und zur Literatur lebt das Fernsehen im Gedächtnis der Nachwelt nicht weiter. Es ist wie ein Buch, das Tag für Tag in den Sand geschrieben wird.

18 Auch der Mischtrank zersetzt sich, wenn man ihn nicht umrührt.
(N 59) (DK 125)

Was zum Teufel ist bloß dieser Mischtrank? Aus vertrauenswürdigen Quellen erfahren wir, daß es sich hier um einen *kykeon* genannten Cocktail aus Wasser, Pfefferminzsaft und Gerstenmehl handelt, den sich die eleusischen Priester einverleibten; ein ziemlich ekelhaftes Gebräu offenbar, wobei sich das Mehl mit den übrigen Zutaten nur dann vermischte, wenn man kräftig umrührte, sonst schwamm es nicht gerade appetitanregend obenauf. Aber von diesem Mischtrank einmal abgesehen erinnert uns das Fragment daran, daß sich früher oder später alles auflöst und daß das erste Signal dafür die Bewegungslosigkeit ist. Der Mensch, die Macht, die Schönheit und sogar das Buch lösen sich auf. Und woran erkennt man, daß ein Buch tot ist? Daran, daß es auf dem Ladentisch des Buchhändlers keine Lebenszeichen mehr von sich gibt. Dann heißt es, das Buch liege wie Blei. Dies aber stachelt den Autor zu allen möglichen Aktionen an, um es wieder zum Leben zu erwecken.

19 Sie werden geboren, um zu leben und dem Tode zu verfallen oder vielmehr zur Ruhe einzugehen, und sie hinterlassen Kinder, daß sie auch dem Tode verfallen.
(N 100) (DK 20)

Die waghalsigen Verkehrsmanöver nach dem Discobesuch Samstag nachts, die Ecstasy-Pillen oder die Unsitte, sich auf Kreuzungen und Eisenbahnschienen zu legen sind Erfindungen der Jugend von heute und vielleicht auch von gestern (man erinnere sich nur an James Dean in *Jenseits von Eden*). Wenn sie sich umbringen wollen, ist das ihre Sache, aber wenn sie dabei auch andere töten, die vielleicht nur zufällig anwesend sind, finde ich das unerträglich. In Milet brach im 5. Jahrhundert v. Chr. unter den Jugendlichen einmal eine Selbstmordepidemie aus. Da ordnete der Archont an, daß die Mädchen, die Selbstmord begangen hatten, mitten auf der Agora nackt den Blicken dargeboten werden sollten. Von da an hat sich keine mehr umgebracht.

20 (Die Substanz) zerstreut sich und sammelt sich wiederum und naht sich und entfernt sich.
(DK 91)

Offenbar ist auch die Materie von einem starken Bedürfnis nach Liebe und einem ebenso starken Bedürfnis nach Freiheit durchdrungen. Vom zweiten thermodynamischen Hauptsatz angetrieben, ziehen sich die Moleküle gegenseitig an und stoßen sich gegenseitig ab. Es ist doch unleugbar, daß wir immer dann, wenn wir allein sind, Gesellschaft herbeiwünschen, uns aber, sobald wir von einer Menge umgeben sind, am liebsten wieder zurückziehen möchten. Da möchte ich nun die Freunde und die Moleküle fragen:

Was ist für euch schwerer zu ertragen – Einsamkeit oder Einengung? London oder Neapel?

21 Der Esel zieht Spreu dem Golde vor.
(N 110) (DK 9)

22 Man soll nicht am Schmutz seine Freude haben.
(N 112) (DK 13)

23 Schweine baden sich im Schmutz, Geflügel in Staub und Asche.
(N 31) (DK 37)

Spreu, Kot und Asche sind wohl Unrat, aber doch natürliche Substanzen. Ganz unnatürlich hingegen ist der Run auf Klamotten mit den Markennamen berühmter Stilisten: Es ist mir völlig unerklärlich, warum jemand bereit ist, den dreifachen Preis zu bezahlen, nur um einen Anzug mit so einem Etikett tragen zu können.

24 Das Feuer verwandelt sich in das All und das All in Feuer wie das Gold in Münze und Münze in Gold.
(N 54) (DK 90)

25 Verwandlungsformen des Feuers sind zuerst das Meer, die eine Hälfte des Meeres aber Erde, die andere Flamme.
(N 57 a) (DK 31 a)

Heraklit wußte natürlich nichts von den modernen Theorien über die Entstehung des Universums, aber er hat geahnt, daß das Feuer (der Urknall) am Urbeginn der Zeit die Materie hervorgebracht und die Materie (die Atombombe) sich dann in Feuer verwandelt hat.

26 Alles wird das Feuer, wenn es hereinbricht, richten und ergreifen.
(N 53) (DK 66)

Daß die Sonne eines Tages (ich hoffe, erst in ein paar Jahrmilliarden) explodieren und das ganze Sonnensystem zerstören könnte, erschreckt mich nur mäßig. Es würde mir nur um einige Bücher leid tun, die damit für immer verlorengingen.

Welche? Nun, *Das Gastmahl* von Platon, *Aufzeichnungen aus einem Kellerloch* von Dostojewski und *Die Verwandlung* von Kafka. Die einzige Hoffnung ist die, daß sie vielleicht in einem anderen Eckchen des Weltalls wiedererstehen könnten.

27 Der Steuermann des Weltalls ist der Blitz.
(N 51) (DK 64)

Und der Blitz, das ewige Feuer, von wem wird der gelenkt? Wie auch immer wir es drehen und wenden, wir stehen immer vor der gleichen Frage: Wer hat diesen ganzen Laden in Bewegung gesetzt?

Einer indischen Sekte zufolge ruht das Universum auf dem Rücken eines Elefanten, der sich seinerseits auf einen Adler stützt, welcher auf einer Schildkröte sitzt. Aber wehe, man fragt die Sektenmitglieder, worauf nun eigentlich die Schildkröte hockt, da werden sie fuchsteufelswild!

28 Diese Welt, dieselbe für alles, hat weder ein Gott noch ein Mensch erschaffen, sondern sie war immer und ist und wird sein ewig lebendiges Feuer, das periodisch aufflammt und wieder verlischt.
(N 50) (DK 30)

Zu behaupten, daß die Welt nicht von Gott, sondern vom Feuer erschaffen worden ist, bringt uns auch nicht weiter. Es könnte höchstens am Tag des Jüngsten Gerichts etwas ungemütlicher werden, wenn da auf dem Richterstuhl das Feuer sitzt und auf uns wartet.

29 Das Meer zerrinnt und gewinnt seine Grenze nach demselben gesetzmäßigen Verhältnis, das vorhanden war, ehe es Erde wurde.
(N 57 b) (DK 31 b)

Dieses Fragment schließt an Nummer 25 an, wo von der Verwandlung des Meeres in Erde die Rede ist. Man braucht sich auf einer Weltkarte nur die Ostküste Südamerikas und die Westküste Afrikas anzusehen, um zu erahnen, welche langen «Reisen» die Erdmassen zurückgelegt haben. Aber abgesehen von dem Auseinanderdriften der Kontinente vollzieht sich auch der ständige Wandel Erde – Meer viel intensiver als man glaubt. In gewissen Gebieten gewinnt das Meer die Oberhand, in anderen die Erde. An den Flußmündungen hat immer die Erde gesiegt: Tag für Tag schiebt sie sich weiter ins Meer vor. An den Küsten hingegen, die Sturmfluten ausgesetzt sind, gräbt das Meer langsam, aber sicher immer mehr Erde ab. Entscheidend ist, meinen wir Heraklit sagen zu hören, daß nichts bleibt, wie es vorher war. *Panta rhei*, alles fließt.

30 Die Sonne ist einen Fuß breit.
(N 83) (DK 3)

Dies ist vielleicht das merkwürdigste Fragment. Heraklit will uns hier vor dem falschen Anschein warnen. «Man braucht nur einen Fuß vor die Sonne zu heben, wenn man ausgestreckt daliegt», sagt er, «dann sieht man, daß die Sonne kaum größer als ein *skaphè* ist.» Nämlich als ein Becken zum Füßewaschen.

31 Die Sonne ist jeden Tag neu.
(N 84) (DK 6)

Einige Philosophen, darunter Xenophanes, waren überzeugt, daß sich die Sonne wie ein Lampion morgens entzündet und abends erlischt. Ich glaube aber nicht, daß Heraklit ebenfalls dieser Meinung war. Er will mit diesem Fragment nur daran erinnern, daß sich alles verändert, auch die Sonne. Daher darf man ruhig jeden neuen Tag mit einer gewissen Dosis Optimismus beginnen. Wer weiß, vielleicht gelingt uns heute, was wir gestern nicht geschafft haben.

32 Wenn die Sonne nicht wäre, so wäre es trotz der andern Gestirne Nacht.
(N 85) (DK 99)

Dies ist ein Fragment, das auch von dem armen Teufel La Palisse stammen könnte, der ganz schuldlos als Erfinder der Binsenwahrheit in die Geschichte eingegangen ist. La Palisse war nämlich ein französischer General, der 1525 in einer Schlacht bei Pavia fiel. Seine Soldaten wollten folgende Inschrift auf sein Grab setzen: *«Hier ruht Monsieur*

La Palisse. Eine Viertelstunde vor seinem Tod zeigte er noch Lust zu kämpfen.» Aber durch einen Fehler des Steinmetzen wurde das Wort *envie* (Lust) zu *en vie* (am Leben), und der Satz las sich dann so: *«Eine Viertelstunde vor seinem Tod war er noch am Leben.»*

> 33 Die Sonne wird ihre Bahn nicht überschreiten; und wenn, so werden sie die Erinnyen, der Dike Helferinnen, zu finden wissen.
> (N 82) (DK 94)

Phaeton, Sohn des Helios, hatte Papas Sonnenwagen manchmal zu niedrig und manchmal zu hoch am Himmel gelenkt und auf diese Weise die Wüste Sahara und den Nordpol geschaffen, wofür er streng bestraft wurde. Vielleicht zum erstenmal stellt Heraklit hier die Hypothese auf, daß selbst das Feuer eine kontrollierende Macht über sich hat, von der es zurechtgewiesen werden kann. Klugheit ist mit anderen Worten noch wichtiger als Macht, und Glück besteht aus abwechselnden Phasen von Schmerz und Lust. Offen bleibt nur die Frage, ob es besser ist, klug oder glücklich zu sein.

> 34 Die Endpunkte von Morgen und Abend bilden der Bär und dem Bären gegenüber die Grenze des himmlischen Zeus.
> (N 86) (DK 120)

Einstein zufolge ist das Universum gekrümmt und endlich. Aber wenn es endlich ist, was befindet sich dann außerhalb seiner Grenzen? Nun, die Ewigkeit. Und wie ist die Ewigkeit beschaffen? Sie ist ein immenser Raum, in dem es keine Dimensionen und keine Zeit gibt. Und wie bringt man in der Ewigkeit seine Zeit herum? Man macht gar nichts. Und dabei langweilt man sich nicht? Nein, weil man ja keine Zeit dazu hat. (Vergleiche auch Fragment 112)

35 Die Sonne als Wächterin des Jahreslaufs bringt die Veränderungen zum Vorschein.
(DK 100)

Die Jahreszeiten bescheren uns nicht nur die für sie typischen Früchte, sondern auch einige nicht unerhebliche Mißlichkeiten. Censorinus sagt in seinem Werk *De die natali* über das Große Jahr (das bei Aristarchos 2484 Jahren und bei Heraklit 10800 Jahren entspricht), daß die Extreme, die in den verschiedenen Jahreszeiten vorherrschen, von den *kataklismoi* im Winter bis zu den *ekpiroseis* im Sommer reichen, das heißt von sintflutartigen Regenfällen bis zu Feuersbrünsten. Dabei hat Censorinus allerdings nicht geahnt, daß es heute im Sommer Brandstifter gibt, die aus reiner Lust oder aus Gewinnsucht solche *ekpiroseis* auslösen.

36 Die Zeit ist ein spielendes, Brettsteine setzendes Kind; ein Kind ist König.
(N 80) (DK 52)

37 Die schönste Welt ist wie ein planlos aufgeschütteter Kehrichthaufen.
(N 87) (DK 124)

Werden die Ereignisse vom Zufall oder von der Notwendigkeit bestimmt? Und entsteht Kunst rein zufällig, oder ist sie ein Beweis für die Existenz Gottes? Die Gläubigen stimmen für den göttlichen Plan, die Ingenieure hingegen für die Statistik.

Aber gleichgültig, ob der Zufall oder die Notwendigkeit reagiert, im Laufe der Zeit verwandelt sich alles in Kunst, sogar die bombastischen vaterländischen Denkmäler.

38 Eins, das allein Weisheit ist, will nicht und will doch auch wieder mit dem Namen Zeus benannt werden.
(N 48) (DK 32)

Und wenn wir nun eines Tages dahinterkämen, daß auch Gott nicht wirklich allmächtig ist? Daß auch Er Seine Grenzen hat, und wären es nur zeitliche? Stellen wir uns einen ganz besonders unglücklichen Menschen vor, der endlich in den Himmel kommt und zu Ihm sagt: «Warum, mein Gott, hast Du mich so erbarmungslos gequält?» Er würde dann vielleicht ein wenig brummen und sich schließlich so herausreden: «Verzeih mir, mein Sohn, aber da gab es einen Krieg auf der Andromeda und ein Erdbeben im Sternbild des Steinbocks, deshalb war ich fast zehn Jahre weg.»

39 Unglaube ist der Grund, weshalb das Göttliche sich größtenteils der Erkenntnis entzieht.
(N 45) (DK 86)

Machen wir uns doch nichts vor: Um an Adam und Eva zu glauben, muß man schon ein wenig naiv sein. Andererseits verlangt uns aber auch die Wissenschaft manchmal nicht wenig Phantasie ab. Wie soll man zum Beispiel glauben, daß sich aus einem einzigen einzelligen Organismus durch Selektion im Laufe der Zeit so verschiedenartige Lebewesen wie der Krebs und die Giraffe, der Elefant und die Mücke, der Herzog von Windsor und Gianfranco Funari entwickelt haben?

40 Für Gott ist alles schön und gut und recht; nur die Menschen sind der Meinung, das eine sei recht, das andere unrecht.
(N 77) (DK 102)

Nicht nur für die Götter, auch für die Menschen gelten nicht überall die gleichen Gesetze. Mohammedaner zum Beispiel dürfen mehrere Frauen haben, Eskimofrauen mehrere Männer. Jedes Land hat seine eigenen Sitten. Der Verzehr einer Salami gilt in arabischen Ländern als Sünde, in Italien nicht.

Nur ein einziges Gebot ist in den Katechismen aller Religionen zu finden, nämlich seinem Nächsten kein Leid anzutun. Und nachdem wir ja nun nicht so genau wissen, ob wir an jenem berühmten Tag vor Jahwe, Allah oder Manitu stehen werden, sollten wir wenigstens versuchen, unseren Mitmenschen nicht zu schaden.

41 Menschliche Sinnesart hat keine Einsicht, sondern nur göttliche.
(N 90) (DK 78)

Wichtiger als das Wissen ist der Wissensdurst. Wenn es etwas gibt, worum ich den lieben Gott nicht beneide, ist es gerade Seine Allwissenheit.

42 Als kindisch gilt der Mann der Gottheit wie das Kind dem Manne.
(N 89) (DK 79)

43 Der schönste Affe ist häßlich, verglichen mit der Gattung Mensch.
(N 92) (DK 82)

Scheinbar preist Heraklit mit diesen Worten die Götter, in Wirklichkeit will er aber nur seine Mitmenschen beleidigen. Daß wir gewöhnliche Sterbliche, verglichen mit den Göttern, wie Kinder wirken, finde ich an sich nicht verwunderlich, was mich aber wirklich erstaunt, sind unsere Politiker, die gar nicht merken, wie kindisch sie im Vergleich zu ihren Wählern sind. Ich habe schon immer den Verdacht gehabt, daß alle, die sich der Politik widmen, in Wirklichkeit nur Monopoly spielen.

44 Wie könnte man verborgen bleiben vor dem Licht, das nie untergeht?
(N 78) (DK 16)

Ich persönlich habe wirklich nicht die geringste Absicht, mich zu verstecken, sondern zeige mich im Gegenteil sogar freiwillig all jenen, die ein Recht haben, mich zu sehen. Was mich interessiert, ist vielmehr dies: Ruht Sein Blick auf mir? Und wenn ja, ist dieser Blick liebevoll?

Die Existenz Gottes an sich ist für mich nicht so entscheidend (es könnte sich ja auch um ein astronomisches Kuriosum handeln). Entscheidend wäre vielmehr eine Antwort auf die Frage, ob Er auf all das achtet, was mit uns geschieht, und vor allem, ob Er uns liebt.

45 Die Lügenschmiede und ihre Zeugen wird Dike ergreifen.
(N 43 b) (DK 28 b)

Heraklit wußte noch nichts von den italienischen Schmiergeldaffären, vielleicht hat er gerade deshalb die Göttin der Gerechtigkeit beschworen, schnell und sicher einzugreifen. Heutzutage würde er ziemlich schnell erkennen, daß es sich bei den «Lügenschmieden und ihren Zeugen» nicht nur um ein paar Einzeltäter, sondern um mehrere Millionen Leute handelt, die die arme Dike niemals alle ergreifen kann.

46 Nur Annahme ist auch das Annehmbarste, was jemand erkennt und festhält.
(N 43 a) (DK 28 a)

Dazu einige Interpretationen:

a) Wer von Beruf Verkäufer von Annahmen, also von reinem Schein, ist (z. B. Berlusconi), hält diejenigen in der Hand, die in Erscheinung treten (z. B. den Quizmaster Mike Bongiorno im Fernsehen).

b) Wer erscheint (z. B. das Topmodel Claudia Schiffer), hilft dem Menschen an seiner Seite (z. B. ihrem Verlobten David Copperfield), in Erscheinung zu treten.

c) Wer erscheint (z. B. ein Parteichef) und sein Handwerk versteht, beutet diejenigen aus, die in Erscheinung treten wollen (z. B. die Aktentaschenträger).

47 Heilmittel sind die schimpflichen Bräuche der Mysterienkulte.
(DK 68)

Mit diesem Fragment nimmt Heraklit Marx um zweitausendfünfhundert Jahre vorweg, denn dieser sagte: «Religion ist das Opium des Volkes».

Wenn wir auch die Astrologie zu den Mysterienkulten rechnen, wird schnell klar, warum die Massenmedien, einschließlich des staatlichen Fernsehens, regelmäßig Horoskope verbreiten.

48 Der Herr, dem das Orakel in Delphi eigen ist, spricht nichts aus und verbirgt nichts, sondern er macht Andeutungen.
(N 36) (DK 93)

Wer die Absicht hat, Wahrsager zu werden, sollte sich immer möglichst vage ausdrücken. Die Klienten werden die Vorhersagen schon von sich aus den Tatsachen anpassen. Es reicht, wenn von zehn auf gut Glück gemachte Prophezeiungen sich nur eine einzige annähernd bewahrheitet, und schon ist man landesweit berühmt. An die übrigen neun, die danebengegangen sind, will sich nachher keiner mehr erinnern, weder der Wahrsager noch sein Klient.

Ein großer Meister auf diesem Gebiet war Nostradamus. Seine Vierzeiler, die weder Hand noch Fuß haben, lassen sich ganz leicht auf jedes beliebige Ereignis anwenden. Ich mache jede Wette, daß ich für jeden dieser Vierzeiler sofort einen aktuellen Bezug finde.

49 Wenn es nicht Dionysos wäre, dem man die Prozession veranstaltet und das Phalluslied singt, dann wäre es eine ganz schamlose Handlung. Nun aber sind Hades und Dionysos, zu dessen Ehren sie schwärmen und Feste feiern, ein und dasselbe.
(N 33) (DK 15)

Keine Ahnung, warum allgemein bei uns die Ansicht verbreitet ist, die «sexuelle Befreiung» sei eine Eroberung der jüngsten Vergangenheit. Bei den Griechen herrschten nämlich sehr viel freiere Sitten als bei uns. Homosexualität zum Beispiel galt keineswegs als anstößig, sondern wurde frei bekannt, und was sich bei einem dionysischen Fest abspielte, übersteigt jede auch noch so entfesselte Vorstellungskraft.

50 Im Kampf gefallene Helden werden von Göttern und Menschen geehrt.
(N 114) (DK 24)

Um zu verstehen, warum die Griechen ihre Helden ehrten, muß man wissen, daß zu jener Zeit jeder einzelne Gefahr lief, in seinem Leben gleich mehrmals in Gefangenschaft zu geraten. Plünderungen der Städte und Versklavung ihrer Bürger waren an der Tagesordnung. Unter Perikles war in Athen das Verhältnis der freien Bürger zu den Sklaven dreißigtausend zu dreihunderttausend. Daher stand damals ein kampfbereiter Soldat in höherem Ansehen als ein unbewaffneter Intellektueller.

51 Die Sibylle, die aus begeistertem Munde ernste, schmucklose und rauhe Laute ertönen läßt, dringt mit ihrer Stimme durch tausend Jahre, weil sie des Gottes voll ist.
(N 35) (DK 92)

Was nichts anderes bedeutet, als daß ein echtes Orakel ein bißchen verrückt sein muß. Wer sich der Wahrsagerei verschrieben hat, weiß genau, daß er ohne ein gewisses Brimborium nicht ankommt. Das Studio einer Kartenlegerin zum Beispiel darf nicht wie ein Bankschalter aussehen, auch wenn es genau betrachtet auch hier immer nur ums Geld geht.

52 Denn die meisten Menschen denken nicht nach über solche Dinge, auf die sie alltäglich stoßen, noch verstehen sie, was sie erfahren haben; ihnen selber freilich kommt es so vor.
(N 6) (K 17)

53 Sie fassen es nicht, auch wenn sie davon gehört haben, und so sind sie wie Taube. Von ihnen gilt der Spruch: «Sie sind da und sind doch nicht da.»
(N 2) (DK 34)

Heraklit ärgert sich über den Großteil der Menschen (griech. *polloi*), die meinen, etwas zu wissen, in Wirklichkeit aber nichts wissen; die glauben, zu hören, in Wirklichkeit aber nicht zuhören. Sie sind anwesend und doch abwesend: anwesend als Tiere, die essen, trinken, schlafen und lieben, abwesend jedoch als Menschen, die ihre Vernunft gebrauchen.

54 Sie sind weder fähig zu hören noch zu reden.
(N 7) (DK 19)

Gewiß ist es wichtiger, zuhören als reden zu können. Wenn man nämlich nicht zuhören kann, lernt man auch nichts, und wenn man nichts lernt, hat man auch nichts zu sagen. Manchmal hört einem schon deshalb keiner zu, weil alle unbedingt reden wollen.

Zum Beispiel treffe ich mich seit einiger Zeit jeden Sonntag abend mit Freunden in einem Restaurant. Diese Freunde sind alle entweder Schauspieler, Musiker oder sonst Kulturschaffende und reden für ihr Leben gern. Der Filmschauspieler Paolo Villaggio, den es wurmte, daß keiner ihm zuhörte, hat an einem dieser Abende vorgeschlagen, doch einfach Zuhörer zu mieten: anständige, möglichst intelligente junge Leute, die für ein gutes Essen in einem Luxusrestaurant auch dann zuhören, wenn wir die größten Banalitäten erzählen.

55 Verständige Rede muß sich stark machen durch das, was allgemein verstanden wird, wie ein Staat durch das Gesetz, ja noch viel stärker. Denn alle menschlichen Gesetze ziehen ihre Nahrung aus dem einen göttlichen. Dieses nämlich herrscht soweit es will und genügt für alles und hat alles in seiner Macht.
(N 49) (DK 114)

Wenn man Heraklits Lebenslauf verfolgt, kann man den Eindruck gewinnen, daß er nicht gerade ein sehr ausgeglichener Mensch war. Offensichtlich befolgte er seine eigenen Prinzipien nicht immer so genau. In diesem Fragment nämlich rät er den Herrschenden, sich nicht so sehr von abstrakten Prinzipien leiten zu lassen, die typisch für die göttlichen Gesetze sind; sie sollen vielmehr Gesetze erlassen für Menschen, wie sie wirklich sind, und nicht für Menschen, wie sie sein sollten.

56 Denken ist eine allgemeine Fähigkeit.
(N 3) (DK 113)

So sollte es wohl sein, in Wirklichkeit ist es aber nicht so. Wenn ich Politiker, Geistliche oder Astrologen reden höre, frage ich mich oft, ob sie wohl auch je nur den leisesten Zweifel gehegt haben. Denn was heißt denn «denken»? Es heißt, einen Gedanken überprüfen und ihn, wenn er gegen alle Einwände bestanden hat, als richtig annehmen. Allerdings auch wieder nur vorläufig, nämlich so lange, bis er durch einen neuen Gedanken wieder in Frage gestellt wird. Kurz, ständiges Zweifeln ist Gehirntraining. Möglicherweise.

57 Die Natur liebt es, sich zu verbergen.
(N 42) (DK 123)

Über dieses Fragment streiten die Philologen: Für die einen ist *fusis* die Natur allgemein, für die anderen hingegen ist sie die Natur jedes einzelnen Geschöpfes, also sein Wesen.

Wenn wir uns der letzteren Interpretation anschließen, können wir sagen, daß der beste Teil eines jeden von uns unsichtbar bleibt, weil er verborgen ist. Für alle Gläubigen ist dieser verborgene Teil die Seele, für die Philosophen hingegen der letzte Grund der Dinge.

58 Ein dummer Mensch pflegt bei jeder Äußerung der Stimme der Vernunft baff zu sein.
(N 13) (DK 87)

Mit diesem Fragment bin ich nicht ganz einverstanden. Da halte ich es lieber mit Aristoteles, nach dessen Ansicht die Philosophie nicht durch Weisheit, sondern durch Staunen entsteht.

59 Der Menschen Meinungen sind Kinderspielzeug.
(N 88) (DK 70)

Das sind sie ganz gewiß. Denken wir nur an die Horoskope. Anfangs liest man sie nur zum Spaß, wenn sie dann aber einmal zufällig stimmen, denkt man gleich, es könnte doch etwas daran sein. Und beim zweiten zufälligen Treffer werden sie dann schon zur exakten Wissenschaft erklärt.

60 Man muß auch dessen gedenken, der sich nicht bewußt ist, wohin der Weg geht.
(N 8) (DK 71)

Dieses Fragment widme ich allen Politikern, die nur aufs Unmittelbare sehen und das eigentliche Ziel, nämlich das Wohl des Landes, vergessen.

61 Es gibt zwei Gattungen von Opfern: diejenigen von ganz gereinigten Menschen, wie es selten einmal bei einem einzigen oder wenigen Menschen, die man an den Fingern abzählen kann, der Fall sein mag, und die materiellen Opfer.
(N 34) (DK 69)

62 Einer gilt mir für zehntausend, wenn er von edler Art ist.
(N 116) (DK 49)

Diese Fragmente sind wieder einmal ein schlagender Beweis für die antidemokratische Gesinnung Heraklits. Weilte er heute unter den Lebenden, würde er zur Verhinderung der Telekratie gewiß folgendes Rezept empfehlen:

«Wie kommt man an die Macht?»

«Indem man die Bürger fernsehhörig macht.»

«Und wer ist leichter hörig zu machen: der Gebildete oder der Unwissende?»

«Der Unwissende.»

«Also dann lassen wir nur noch die Gebildeten wählen. Das allgemeine Wahlrecht wird abgeschafft!»

63 Denken ist die vorzüglichste Eigenschaft, und Weisheit ist es, die Wahrheit zu sagen und der Natur gemäß zu handeln, indem man auf sie hinhorcht.
(N 16) (DK 112)

Ich habe mich schon oft gefragt, ob der «recht denkende Mensch» auch tatsächlich denkt. In Wirklichkeit denkt er nämlich überhaupt nicht, weil sein Gehirn durch all die Anstrengung, zu denken, wie die anderen denken, geschrumpft ist.

64 Alle Menschen haben teil an der Fähigkeit, sich selbst zu erkennen und zu denken.
(N 17) (DK 116)

Da bin ich völlig anderer Meinung. Gott sei Dank besitzt keiner von uns die Fähigkeit, sich selbst zu erkennen, sonst würde die Zahl der Selbstmorde ins Unendliche steigen. Das einzige, was uns am Leben hält, ist die Anmaßung. Es ist schon schwer genug, sein eigenes Aussehen und das bevorstehende Alter zu akzeptieren; nicht auszudenken, was geschähe, wenn wir auch noch erkennen müßten, daß wir dumm sind.

65 In den wichtigsten Fragen wollen wir keine unüberlegten Folgerungen ziehen.
(N 41) (DK 47)

Epoché oder die Zurückhaltung des Urteils war für die griechischen Philosophen eine Gewohnheit, ja eigentlich ihre Devise. Je «größer» die Frage, sagt Heraklit, desto wohlüberlegter muß die Antwort sein. Heute hingegen darf man sich keine Zeit mehr zum Überlegen lassen: Entweder die Antwort kommt wie aus der Pistole geschossen, oder man wird nicht mehr beachtet. Das Damoklesschwert von heute ist die Fernbedienung des Fernsehers. Kaum versucht einer einmal, eine Sekunde ruhig nachzudenken, wird er ein Opfer des *zapping*.

66 Denn was ist ihr Sinn und Verstand? Landfahrenden Sängern folgen sie, und zum Lehrer nehmen sie den Pöbel, ohne zu wissen, daß die meisten Menschen schlecht und nur wenige gut sind.
(N 26) (DK 104)

Botschaft Heraklits an die Verwalter des öffentlichen und des privaten Fernsehens:

«Wo, o ihr Herren des Fernsehens, bleibt euer Sinn und Verstand? Versteht ihr denn nicht, daß die Einschaltquoten nur das Urteil der Masse sind? Indem ihr den Pöbel zum Lehrer nehmt, beweist ihr, nicht zu wissen, daß die meisten schlecht und nur wenige gut sind. Mag für die privaten Sender noch bis zu einem gewissen Grad gelten, daß sie ihren Sponsoren verpflichtet sind, so gibt es für das öffentliche Fernsehen nicht die geringste Entschuldigung. Eure erste Pflicht ist, den Geschmack der vielen zu heben und ihn jenem der wenigen anzunähern.»

67 Seinen Unverstand zu verbergen ist besser.
(DK 95)

Aber wie? Der praktischste Rat ist der, immer möglichst unverständlich zu schreiben und zu sprechen (wie es im übrigen auch Heraklit getan hat). Viele unserer Geistesleuchten sind wirkliche Meister im Verschleiern: Sie verwechseln Unverständlichkeit mit Tiefe, und um «tiefe» Gedanken vorzutäuschen, ergehen sie sich in dunklen Andeutungen.

68 So vieler Menschen Theorien ich schon vernahm, niemand dringt zu der Erkenntnis durch, daß die Weisheit von allem getrennt ist.
(N 46) (DK 108)

69 Gar vieler Dinge kundig müssen weisheitsliebende Männer sein.
(DK 35)

Hier legt sich Heraklit mit dem *polymatheis* (den Alleswissern) und mit all jenen an, die behaupten, etwas zu wissen, in Wirklichkeit aber nichts wissen. Angenehm, zu erfahren, daß es solche Leute auch schon damals gab.

70 Die Goldsucher graben viel Erde um und finden wenig.
(N 28) (DK 22)

Es ist nicht gut, meint Heraklit, sich ans Gold zu klammern. Ich werde versuchen, dies zu beherzigen. Meine Beziehung zum Geld ist nämlich, ehrlich gesagt, ziemlich widersprüchlich. Bei hohen Summen (über zehntausend Mark) bin ich ein Verschwender, aber bei kleinen Beträgen (unter hundert Mark) halte ich die Hand fest auf der Tasche.

Es gibt Leute, die mich als geizig bezeichnen, und nur, um ihnen das Gegenteil zu beweisen, bin ich jetzt dabei, mich zu ruinieren!

71 Alle Kreatur weidet unter Gottes Peitschenschlag.
(N 79) (DK 11)

Wenn ich ein Volk nennen soll, das auf die Weide geführt wird, fällt mir wieder nur das Fernsehvolk ein.

72 Übermut muß man noch mehr dämpfen als Feuersbrunst.
(N 107) (DK 43)

Einer, der maßlos übertreibt und das auch weiß, fühlt sich verpflichtet, immer zu übertreiben. Wofür wir wiederum die schönsten Beispiele im Fernsehen finden!

73 Gesetz kann es auch sein, dem Willen eines Mannes zu gehorchen.
(N 120) (DK 33)

Ich habe nichts dagegen, dem Willen eines einzigen zu gehorchen, ja vielleicht wäre mir das sogar das liebste, allerdings nur unter der Bedingung, daß ich dann nach vier Jahren meine Meinung ändern und dem Willen eines anderen gehorchen kann.

74 Edle Menschen erstreben eines vor allem andern: ewigen Ruhm vor den vergänglichen Dingen. Die Menge aber ist satt wie Herdentiere.
(N 113) (DK 29)

Wer weiß, ob ich den Ruhm gewählt hätte, wenn ich selber mein Schicksal hätte bestimmen können. Und welchen Ruhm auch? Gewiß nicht den des Helden (vorzeitiger Tod) oder den des Wissenschaftlers (lebenslange Klausur im Labor) oder den des Malers (jahrelange Armut) oder den des Einhandseglers (unendliche Langeweile). Wahrscheinlich hätte ich mich mit bescheideneren Zielen zufriedengegeben. Also führe ich hier, nach Wichtigkeit geordnet, eine Reihe von Fähigkeiten auf, die ich gern besitzen würde, die mir aber leider verwehrt sind. Ich würde gern folgendes können:

1 Singen
2 Gitarre spielen
3 Fremdsprachen beherrschen
4 Mich an alles erinnern, was ich lese
5 Einsteins Relativitätstheorie ganz verstehen
6 Ebenso Heidegger, wenigstens annähernd

7 Fußballspielen wie Rivera
8 Reiten
9 Einen Fahrer haben und mich nicht jedesmal schuldig fühlen, wenn ich ihn länger als bis ein Uhr nachts warten lasse.
10 Vermeiden, jedesmal wenn ich eine Liste aufstelle nicht weiter als zu Nummer zehn zu kommen. Ob das an Moses liegt?

75 Sie reinigen sich vergeblich, indem sie sich mit Blut beflecken, wie wenn jemand, der in den Schmutz getreten ist, sich mit Schmutz abwaschen wollte.
(N 30 a) (DK 5 a)

Heraklit, der erste Tierschützer der Geschichte, spricht sich entschieden gegen Tieropfer aus. Lebte er heute, würde er sich wohl mit Brigitte Bardot zusammentun.

76 Strafe droht den Nachtschwärmern, Magiern, Bacchen, Mänaden und Mysten. Denn die bei den Menschen gebräuchlichen Mysterien werden auf unheilige Weise gefeiert.
(N 32) (DK 14)

Heraklit war alles zuwider, was ohne Vernunft geschah. Dabei war ihm die Staatsreligion immer noch lieber als esoterische Riten. Wenn der Mensch schon an etwas glauben soll, scheint er sagen zu wollen, dann doch lieber an die Märchen der alten Götter des Olymp, die sind wenigstens unterhaltsamer. Hinweg also mit allen Magiern, Zauberern, Wahrsagern und anderen Schwindlern, die die menschliche Dummheit ausnutzen!

77 Möge euch nie euer Reichtum ausgehen, Ephesier, damit man euch eurer Entartung überführen kann!
(N 119) (DK 125 a)

Heftiger Angriff des Philosophen auf den Egoismus und das Konsumverhalten seiner Mitbürger. Um ihren Wohlstand nicht zu gefährden, hatten die Ephesier den Überfall der Perser auf Ionien stillschweigend geduldet. Was würde Heraklit wohl heute sagen, wenn er sähe, wie die Italiener zum Vergnügen im ganzen Land herumfahren oder in den Stadtzentren Einkäufe machen, während sich in Bosnien, nur wenige Kilometer von ihnen entfernt, eine Tragödie abspielt!

78 Die Ephesier sollten sich, so viele ihrer erwachsen sind, insgesamt aufhängen und den noch Unerwachsenen die Stadt überlassen. Denn den Hermodoros, ihren tüchtigsten Mann, haben sie verbannt, indem sie meinten: von uns soll niemand der Tüchtigste sein und, wenn es jemand ist, so sei er es anderswo und bei andern Menschen.
(N 118) (DK 121)

Um dieses Fragment zu verstehen, sollte man etwas über das Scherbengericht wissen. Dies war eine in ganz Griechenland geübte Praxis, um eine unliebsame Person für fünf oder zehn Jahre in die Verbannung zu schicken. Es genügte, daß eine bestimmte Anzahl von Bürgern (in Athen sechstausend) ohne Angabe von triftigen Gründen den Namen eines Mitbürgers auf eine Scherbe *(ostrakon)* schrieb, dann mußte dieser die Stadt verlassen.

Ein Athener, der am Scherbengericht über Aristides

teilnehmen wollte, aber nicht schreiben konnte, soll ausgerechnet Aristides um Hilfe gebeten haben, der zufällig vorbeikam.

«Warum willst du denn das Scherbengericht für ihn?» fragte der Politiker.

«Weil ich nicht mehr hören kann, wie er dauernd gelobt wird», antwortete der Athener angewidert. (Plutarch, *Aristides*, 7)

79 Und zu diesen Götterbildern beten sie, wie wenn jemand mit Häusern schwatzte, ohne eine Ahnung vom Wesen der Götter und Heroen zu haben.
(N 30 b) (DK 5 b)

Im Haus meiner Eltern gab es eine kleine Nische mit den Seelen im Fegefeuer: fünf Tonfiguren, die in einer dantesken Szene von Flammen umgeben mit zum Gebet gefalteten Händen dastanden. Ich kann mich noch an einen Mann und eine Frau erinnern, die offensichtlich nackt waren, sowie an eine Alte und einen Alten und einen Priester.

«Warum betest du für sie?» fragte ich eines Tages meine Mutter.

«Weil sie das brauchen», erwiderte sie und hatte damit sicherlich recht. Wer in der Hölle schmort, hat nichts mehr zu verlieren, aber wer im Fegefeuer ist, kann einen Strafnachlaß erwirken, wenn jemand auf der Erde für ihn betet.

«Und was hast du davon?» fragte ich weiter.

«Nichts», erwiderte sie, «aber abgesehen davon, daß beten immer gut ist, könnten sie mir doch im Traum erscheinen und mir die Lottozahlen verraten.»

Gewonnen hat sie aber nie.

80 Diese Vernunft, die doch ewig ist, ist den Menschen unfaßlich, sowohl ehe sie davon hören, als auch nachdem sie einmal davon gehört haben. Denn obgleich alles dieser Vernunft gemäß verläuft, scheinen sie doch noch nie einen Versuch mit ihr gemacht zu haben, wenn sie sich an solchen Worten und Werken versuchen wie die sind, die ich erörtere, indem ich ein jedes nach seiner Natur zerlege und auseinandersetze, wie es sich damit verhält. Die andern Menschen aber sind sich so wenig bewußt, was sie wachend tun, als sie ein Bewußtsein davon haben, was sie im Schlafe tun.
(N 1) (DK 1)

81 Zu der das All regierenden Vernunft, mit der sie es fortwährend zu tun haben, setzen sie sich in Widerspruch, und das, worauf sie tagtäglich stoßen, erscheint ihnen fremd.
(N 5) (DK 72)

82 Nicht auf meine, sondern auf die Stimme der Vernunft hörend zuzugestehen, daß alles eins ist, ist weise.
(N 14) (DK 50)

83 Darum muß man dem Allgemeinen folgen. Aber obwohl die Vernunft allgemein ist, leben die meisten Menschen, wie wenn sie eine besondere Denkkraft besäßen.
(N 4) (DK 2)

84 Eins ist Weisheit: den Geist zu verstehen, der alles durch alle regiert.
(N 47) (DK 41)

An dieser Stelle läßt sich eine Definition des *Logos*, der Vernunft, nicht mehr länger aufschieben. Ich verstehe darunter in erster Linie die Fähigkeit, seine Gemütsbewegungen zu kontrollieren. Ich weiß natürlich, daß es leicht ist, einen solchen Satz zu formulieren, aber schwer, ihn zu befolgen. Dennoch sollte man dies wenigstens versuchen. Alle Gefühle – Liebe, Haß, Sympathie, Antipathie, Rivalität, Komplizenschaft, Neid – hindern uns daran, unserer Vernunft zu folgen, trotzdem müssen wir uns bemühen, bei jeder Entscheidung das Für und Wider abzuwägen.

85 Was man sehen, hören, erfahren kann, dem gebe ich den Vorzug.
(N 37) (DK 55)

86 Wenn alles, was existiert, zu Rauch würde, so würde man es mit der Nase wahrnehmen.
(N 39) (DK 7)

87 Augen sind genauere Zeugen als die Ohren.
(DK 101 a)

88 Auge und Ohr sind für die Menschen schlechte Zeugen, wenn sie kein feines Seelenleben haben.
(N 38) (DK 107)

Auf Auge, Ohr und Nase kann man sich nicht verlassen, meint Heraklit, sie können uns täuschen, vor allem, wenn unsere Seele roh ist. Aber dies ist ja gerade die Schwierigkeit: Wer will schon zugeben, daß er eine rohe Seele hat? Der Schöpfer hat es in seiner unendlichen Weisheit so eingerichtet, daß die Schönheit sichtbar, die Intelligenz aber unsichtbar ist, und deshalb sind wir ausnahmslos alle überzeugt, mindestens so intelligent wie Einstein zu sein und uns auf unsere Sinne verlassen zu können.

89 Wenn das Glück im sinnlichen Genuß bestünde, so müßten wir das Vieh glücklich nennen, wenn es Wicken als Futter findet.
(N 104) (DK 4)

Offenbar habe ich mich ein wenig dem Vieh angenähert, da ich es seit einiger Zeit vermeide, mich zu verlieben, und mich statt dessen mit sinnlichen Genüssen wie dem Essen und Trinken zufriedengebe.

90 Vielwisserei verleiht nicht Verstand; sonst hätte sie dem Hesiod und Pythagoras solchen verliehen und ebenso dem Xenophanes und Hekatäos.
(N 19) (DK 40)

Intelligenz zu definieren ist schwierig. Wahrscheinlich geht es dabei um die Fähigkeit, Verbindungen zwischen bereits bekannten Dingen herzustellen. Wissen allein genügt also nicht, es hilft höchstens der Intelligenz, sich zu offenbaren, da es ihr Material liefert.

91 Die Menschen sind hinsichtlich der Erkenntnis des Sichtbaren in ähnlicher Täuschung befangen wie Homer, der doch weiser war als die Hellenen alle. Diesen täuschten nämlich Knaben, die Läuse töteten, mit den Worten: «Was wir gesehen und gefangen haben, das lassen wir da; was wir aber nicht gesehen und nicht gefangen haben, das nehmen wir mit.»
(N 24) (DK 56)

Homer soll, da es ihm nicht gelang, das von den Jungen aufgegebene Rätsel zu lösen, vor Kummer tot umgefallen sein. «Es ist doch unvorstellbar, daß der Weiseste aller Griechen ein Kinderrätsel nicht zu lösen vermag!» soll er ausgerufen und gleich darauf seinen Geist aufgegeben haben.

92 Homer verdient es, aus den Festspielen ausgeschlossen und gegeißelt zu werden, und Archilochos desgleichen.
(N 25) (DK 42)

Dieses Fragment offenbart eine verblüffende Tatsache: Neid und Mißgunst unter Intellektuellen hat es zu allen Zeiten gegeben. Heraklit haßte Homer, Hesiod und Archilochos. Und warum? Na, weil sie Bestseller verfaßt haben!

93 Hesiod ist der Lehrer der meisten Leute: er, so meinen sie, wisse am meisten, der doch das Wesen von Tag und Nacht nicht erkannte; denn beide sind eins.
(N 20) (DK 7)

Hier ist unser Philosoph ziemlich ungerecht. Er behandelt Hesiod wie einen Astrophysiker, dabei war er in Wirklichkeit ein großer Dichter. Die Verse, die Hesiod dem Thema «Tag und Nacht» widmet, sind einfach wunderbar:

Die Nacht und der Tag begegnen und grüßen sich
an der bronzenen Schwelle, die eine steigt auf,
und der andere versinkt, nie aber hält es sie beide
zugleich im Haus.

(Theogonie, 747)

94 Homer sei ein Astrologe gewesen, schließt Heraklit aus dieser Stelle: ‹Auch wurden in einer Nacht sie geboren› (*Ilias* 18, 251) und aus: ‹Nie, so meine ich, entrann von den Sterblichen einer dem Schicksal› (ebd. 6, 488). (DK 105)

Nicht nur die Sterblichen, auch die Götter konnten ihrem Schicksal nicht entrinnen. Angefangen bei Zeus, ihrem höchsten Herrn, hingen alle von Ananke, der Notwendigkeit, ab; sie war die uneingeschränkte Herrin über das Universum. Was Ananke bestimmt hatte, war Gesetz und *mußte* geschehen! Wenn die Notwendigkeit beschlossen hatte, daß Ödipus seinen Vater töten und sich mit seiner Mutter paaren sollte, konnte der Ärmste noch so lange seine Verwandten meiden und in der Weltgeschichte herumirren, früher oder später mußte doch eintreten, was bestimmt war.

95 Hesiod unterschied zwischen guten und schlechten Tagen und wußte nicht: Ein Tag ist gleich dem andern. (N 21) (DK 106)

Mag sein, daß alle Tage gleich sind, aber die effektive Lebensdauer hängt von der Anzahl unterschiedlicher Tage ab, die einem Individuum vergönnt sind. Die immer gleichen Tage zählen nicht.

96 Pythagoras, des Mnesarchos Sohn, ging von allen Menschen am meisten auf Kenntnisse aus und machte sich daraus seine eigene Weisheit zurecht: Vielwisserei und Spitzfindigkeit.
(N 22) (DK 129)

Heraklit wirft Pythagoras vor, von den anderen abzuschreiben, aber damit tut er ihm unrecht.

Es ist doch sonnenklar, daß man ein Plagiat (also ein Unrecht) begeht, wenn man nur von einem einzigen abschreibt. Schreibt man dagegen von mehreren Texten ab, nennt man das Wissenschaft (und dies ist ein großes Verdienst des Abschreibers, pardon, des Wissenschaftlers).

97 Die Rhetorik (Pythagoras) ist Anstifterin zu Kniffen.
(N 27) (DK 81)

Pythagoras, der Großmeister der Loge P 1 (nicht P 2!), war in erster Linie ein «Politiker». Nicht zufällig hatte er Wissen gleich Macht gesetzt, und wehe dem, der ihm nicht folgte! Über ihn werden die verblüffendsten Dinge erzählt: daß er alle seine Schüler zum absoluten Schweigen über die Riten der Sekte verpflichtete, daß er hinter einem Vorhang versteckt redete, daß er sich nur seinen Lieblingsschülern zeigte, daß er einen goldenen Schenkel hatte und dergleichen mehr.

98 In Priene lebte Bias, des Teutameos Sohn, der mehr bedeutet als die andern Leute.
(N 117) (DK 39)

Von Bias ist folgende Geschichte überliefert: Die Sieben Weisen begaben sich eines Tages zum Orakel von Delphi. Dort wurden sie vom ältesten Priester gebeten, ihre Lieblingsmaxime in die Tempelwand zu schlagen. Alle waren gern damit einverstanden, nur Bias nicht.

Chilon schrieb: «Erkenne dich selbst.» Solon: «Lerne zu gehorchen, und du wirst lernen zu befehlen.» Kleobulos: «Alles ist Maß.» Periandros: «Das Schönste auf der Welt ist die Ruhe.» Thales: «Gedenke der Freunde.» Pittakos: «Gib das Verwahrte zurück.» Nur Bias wollte sich nicht bewegen lassen, obwohl alle auf ihn einredeten: «O Bias, der du der Weiseste unter uns bist, hinterlasse künftigen Besuchern dieses Tempels ein Zeichen deiner Erleuchtung!» Aber er wehrte ab und sagte: «Es ist besser, o Freunde, wenn ich nichts schreibe!» Schließlich überredeten sie ihn dann doch, und er schrieb: «Die meisten sind schlecht.»

99 Das Meer ist das reinste und das unsauberste Wasser: für die Fische trinkbar und heilsam, für die Menschen ungenießbar und schädlich.
(N 70) (DK 61)

Dasselbe ließe sich über das römische Gesellschaftsleben sagen: den einen ist es Lebensinhalt, den anderen ein Graus.

100 Für die Seelen ist es Tod, zu Wasser zu werden; für das Wasser ist es Tod, zu Erde zu werden; aus Erde wird wieder Wasser, aus Wasser Seele.
(N 95) (DK 36)

101 Für die Seelen ist es Freude oder Tod, feucht zu werden: Wir leben auf in ihrem Tod, sie leben auf in unserem Tod.
(N 96) (DK 77)

102 Einen trunkenen Mann kann ein kleines Kind leiten und irreführen; denn er merkt nicht, wohin er geht, weil seine Seele feucht ist.
(N 99) (DK 117)

103 Die trockene Seele ist am weisesten und am besten.
(N 98) (DK 118)

Versuchen wir einmal, statt «Wasser» oder «feucht» «Drogen» zu sagen, dann lesen sich die Fragmente 100 bis 103 ungefähr so:

Für die Seelen ist es Tod, Drogen zu nehmen. (100)

Für die Seelen ist es Freude oder Tod, Drogen zu nehmen. (101)

Einen drogenabhängigen Mann kann ein kleines Kind leiten und irreführen; denn er merkt nicht, wohin er geht, weil seine Seele drogenabhängig ist. (102)

Die nicht drogenabhängige Seele ist am weisesten und besten. (103)

Und da fragen wir uns: Warum ist die Seele so anfällig für Drogen? Weil es ihr nur so gelingt, zu vergessen. Aber was denn vergessen? Ihre Existenz oder vielmehr die Unausweichlichkeit des Todes. Pascal schrieb: «Da die Menschen Tod, Elend und Unwissenheit nicht heilen konnten, haben sie es für besser gehalten, nicht mehr zu denken.» (*Pensées* 348) Aber um sich abzulenken, brauchen sie Vergnügungen. Je intensiver diese sind, desto leichter fällt es, nicht mehr nachzudenken. Es ist also verboten, allein zu Hause zu bleiben. Verboten, zu lesen. Verboten, zu überlegen. Verboten, an die Zukunft zu denken. Vielmehr muß man immer aus dem vollen leben, möglichst viel Geld ausgeben und vergeuden. Und wenn dies noch nicht genügt, muß man trinken; und wenn dies auch noch nicht genügt, Drogen nehmen.

104 Wie die Spinne, die in der Mitte ihres Netzes sitzt, merkt, sobald eine Fliege irgendeinen Faden ihres Netzes zerstört, und darum schnell dahin eilt, als ob sie um die Zerreißung des Fadens sich härmte, so wandert des Menschen Seele bei der Verletzung irgendeines Körperteils rasch dahin, als ob sie über die Verletzung des Körpers, mit dem sie fest und nach einem bestimmten Sinn verbunden ist, ungehalten sei.
(DK 67 a)

Der größte Streß im Leben einer Spinne ist nicht das Zerreißen ihres Netzes, wie Heraklit meint, sondern das Warten. Sollte ich mich je wiederverkörpern müssen, weise ich die zuständige Entität schon heute darauf hin, daß ich bei weitem lieber als hungriger Tiger denn als wartende Spinne wiedergeboren werden möchte.

105 Geh hin: Der Seele Grenzen findest du nicht, auch wenn du alle Straßen wanderst; so tief reicht ihr vernünftiges Wesen.
(N 97) (DK 45)

Wie allen Vorsokratikern fällt es auch Heraklit schwer, sich immaterielle Wesenheiten vorzustellen. Die Seele ist tief, sagt er, aber sie hat Grenzen, auch wenn diese schwer zu erreichen sind. Und da sie außerdem den *Logos* beherbergt, ist die Seele eines Weisen größer als die Seele eines Dummen.

106 Auch die Schlafenden verrichten Arbeit und wirken mit an dem, was im Weltall geschieht.
(N 9) (DK 75)

107 Man darf nicht handeln und reden wie im Schlafe.
(N 10) (DK 73)

Als «Schlafende» werden hier alle gebrandmarkt, die ihr Gehirn nicht in Bewegung setzen.

«Wer schläft fängt keine Fische», sagt ein italienisches Sprichwort. Und Heraklit würde noch hinzufügen: «Und er trägt zum allgemeinen Niedergang bei.» Die größte Schuld des «Schläfers» ist weniger der Schlaf selber als das Versäumnis.

108 Leben und Tod, Wachen und Schlafen, Jugend und Alter ist bei uns ein und dasselbe: denn dieses verwandelt sich in jenes und jenes wiederum in dieses.
(N 71) (DK 88)

Heraklit spricht es nicht aus, aber in Wirklichkeit geht es in diesem Fragment um die Zeit. Wir behalten immer denselben Namen, und doch verändern wir uns im Laufe der Jahre so sehr, daß uns mit jenem Individuum, das wir einst gewesen sind, nichts mehr verbindet, und das gleiche gilt auch für die Person, die wir in Zukunft sein werden. Um es mit Augustinus zu sagen, das einzige, was in unserem Innern immer gleich bleibt, ist die Gegenwart der Vergangenheit, die Gegenwart der Gegenwart und die Gegenwart der Zukunft, nämlich die Erinnerung, die Intuition und die Hoffnung.

109 Tod ist, was wir im Wachen sehen; was aber im Schlaf, Leben.
(N 101) (DK 21)

Für die Griechen war der Schlaf ein Gott namens Hypnos, der einen Zwillingsbruder namens Thanatos hatte (nämlich den Tod). Ovid zufolge besaß Hypnos ein Schloß, in dem alle Tag und Nacht schliefen und wunderbare Träume hatten. Jeden Tag machte der Gott eine Runde um die Erde und säte überall, wo er hinkam, Schlaf. Aber auch Hypnos verliebte sich eines Tages, und da nun einmal jedes Lebewesen, das er berührte, sofort einschlief, mußte er seiner Angebeteten das Zugeständnis machen, mit offenen Augen schlafen zu dürfen. «Auf diese Weise siehst du mich wenigstens an, wenn wir uns lieben», sagte er.

110 Der Mensch zündet sich in der Dunkelheit, wenn seine Augen versagen, ein Licht an: Im Leben rührt er an den Tod, im Wachen an den Schlaf.
(N 102) (DK 26)

Ich habe mich schon immer gefragt, wie ein Verbrecher überhaupt Schlaf finden kann, hat er doch, «wenn seine Augen versagen», kein inneres Licht, das er anzünden kann. Also ist sein größter Mangel nicht seine Schlechtigkeit, sondern das Fehlen des inneren Lichts, das heißt des Gewissens. Warum ist er auch ein Verbrecher geworden, wo doch die durchschnittliche Lebensdauer eines Kriminellen nur siebenundvierzig Jahre beträgt, während ein normaler Mensch, der sich keine Verbrechen hat zuschulden kommen lassen, im Durchschnitt vierundsiebzig (eine Frau achtzig) Jahre alt wird!

111 Größerem Tod wird ein größeres Los zuteil.
(N 115) (DK 25)

Da stehen wir wieder vor dem Dilemma, ob ein Tag im Leben des Löwen besser ist als hundert Tage im Leben des Schafes. Ich würde mich ehrlich gesagt für das Schaf entscheiden, allerdings nur, wenn der Schäfer ein anständiger Kerl ist.

112 Die Menschen erwartet nach dem Tod, was sie nicht hoffen noch glauben.
(N 103) (DK 27)

Ich habe mich oft gefragt, wie das Jenseits sein wird. Dante hat mir dabei nicht weitergeholfen, denn es sind nicht die Flammen, die mir Angst einjagen können. Das eigentliche Drama im Paradies ist nämlich nicht das Leiden, sondern die Beschäftigungslosigkeit: Milliarden von Seelen, die nichts anderes zu tun haben, als freundlich miteinander zu plaudern. Anfangs kann das vielleicht noch ganz nett sein, solange es eben noch etwas Neues zu erzählen gibt. Aber wenn der Gesprächsstoff dann einmal erschöpft ist, bleibt nur noch die absolute Langeweile. Und die dauert bis in alle Ewigkeit!

Die einzige Abwechslung bieten die Neuankömmlinge.

«Und woher kommst du denn?»

«Aus Mailand.»

«Ah, ist Mailand dieses Jahr Meister geworden?»

Ich kann mir auch die Begegnung mit meinen Eltern ausmalen, vor allem mit meinem Vater. Ich erinnere mich noch gut, daß er sich vor seinem Tod große Sorgen um meine Zukunft gemacht hat.

«Wie ist es dir ergangen?» würde er mich fragen.

«Recht gut: Ich habe eine Menge Geld verdient.»

«Wie hast du das geschafft?»

«Mit Büchern.»

«Mit Büchern läßt sich viel Geld verdienen?»

«Sehr viel, wenn man einen Bestseller geschrieben hat, sogar eine Milliarde Lire.»

«Eine Milliarde? Was ist denn das?»

Da er schon 1948 gestorben ist, könnte er sich Beträge über eine Million nicht vorstellen.

113 Die Seelen atmen schon den Geruch im Hades. (DK 98)

Wenn ich in der Zeitung das Foto einer verstorbenen Person sehe, habe ich immer den Eindruck, daß sie schon geahnt hat, daß sie bald sterben wird. «Ihre Seele», denke ich dann, «hat schon den Hadesgeruch gewittert.» Und wenn ich mich dann im Spiegel betrachte ... beruhigt mich das, ehrlich gesagt, nicht gerade.

114 Vor ihm aber, der dort ist, erhöben sie sich, und Wächter würden wach der Lebendigen und der Toten. (DK 63)

Mit «ihm» ist wohl Gott gemeint, und mit den Wächtern die gerade verstorbenen Intellektuellen. Und dies ist eine Vorstellung, die mich ziemlich beunruhigt: Zu sterben und dann womöglich von Alberto Bevilacqua abgeurteilt zu werden. Da bleibt mir nur die Hoffnung, daß ich ein paar Tage vor ihm sterbe, so daß dann ich über ihn zu Gericht sitzen kann.

115 Für die Wachenden gibt es nur eine einzige und gemeinsame Welt: Im Schlafe aber wendet sich jeder seiner besonderen Welt zu.
(N 12) (DK 89)

Da haben wir sie wieder, die Wachenden und die Schlafenden: Wenn wir unter den Wachenden diejenigen verstehen, die den Sinn der Dinge verstanden haben, und unter den Schlafenden diejenigen, die nur aufs Geld aus sind, kann es ja gar nicht anders sein, als daß sie in ganz verschiedenen Welten leben. Die letzteren nämlich können gar nichts anderes tun, als verzweifelt hinter den goldenen Kälbern herzulaufen, die ihnen der Markt bietet.

116 Gut und schlimm ist dasselbe. Die Ärzte wenigstens, die überall schneiden und brennen, beanspruchen einen Lohn und verdienen doch keinen, da sie ein und dasselbe bewirken [das heißt die schmerzhafte Operation und die erwünschte Heilung].
(N 69) (DK 58)

Dabei fällt mir jener Patient ein, der an der Prostata operiert werden sollte, aber als er erwachte, erfuhr er, daß ein Eingriff an seiner Lunge vorgenommen worden war, weil jemand die Karteikarte verwechselt hatte. Ob sie ihm da wohl einen Preisnachlaß gewährt haben?

117 Wahn ist eine Krankheit wie Fallsucht, und das Auge täuscht.
(N 40) (DK 46)

Im Altertum galt die Fallsucht, die Epilepsie, als göttliche Krankheit, ja sogar als ein Geschenk der Götter. Die Vorstellung dabei war ungefähr folgende: «Wenn die Krankheit das Gehirn, also den edelsten Teil des Menschen, erfaßt, können nur die Götter sie geschickt haben, damit dieser Sterbliche möglichst bald in die Welt der Toten eingeht.»

Nur der Arzt Hippokrates war anderer Meinung. «Es ist eine Krankheit wie alle anderen», sagte er. «Sie wird nur von jenen für heilig erklärt, die sie nicht heilen können und daher Zauberformeln brauchen.» (Hippokrates *Über die heilige Krankheit*, I)

118 Wer nicht hofft, wird Unerhofftes nicht finden; denn es ist unaufspürbar und unzugänglich.
(N 44) (DK 18)

Falls sich auch der Leser darin versuchen möchte: Wenn einer Wunder bewirken will, lautet die erste Regel, daß er selber an seine Fähigkeit glauben muß, sie bewirken zu können.

119 Des Menschen Sinnesart ist ein göttliches Geschick.
(N 105) (DK 119)

Dies ist wirklich ein interessantes Thema! Wie oft tun wir genau das Gegenteil von dem, was wir tun sollten? Wir wissen genau, daß wir einen Fehler machen, und machen ihn trotzdem, vor allem, wenn wir uns in einer besonderen seelischen Verfassung befinden (zum Beispiel wenn wir verliebt sind). Schuld daran ist nur das Geschick, ein kleiner Dämon, der in uns sitzt, gemeinhin Charakter genannt, und uns daran hindert, nachzudenken, bevor wir handeln. Wie immer sind auch hier die besten Gegenmittel *apatheia, epoché* und *aporein*, also Ausschaltung der Gefühle, Zurückhaltung des Urteils sowie der Zweifel.

120 Es ist für die Menschen nicht gut, daß ihnen alles zuteil wird, was sie wollen.
(N 108) (DK 110)

Mit Ausnahme einer winzigen Minderheit von Epikureern (der ich die Ehre habe anzugehören) streben die Menschen danach, möglichst viel zu leiden. Ein Leben, in dem alle Wünsche erfüllt werden, alles glattläuft und es nichts zu erkämpfen gibt, würde sie glatt zum Selbstmord treiben. Daher sind ihnen die Widrigkeiten, die dem Nichts eine gewisse Würze verleihen, in Wirklichkeit willkommen.

121 Mit der Lust zu kämpfen ist schwer; denn was sie will, erkauft man um den Preis der Seele.
(N 106) (DK 85)

Um zu begreifen, wie sehr wir bereit sind, unsere Seele zu verkaufen, brauchen wir uns nur an Professor Unrat zu erinnern, der sich im *Blauen Engel* sogar in einen Hahn verkleidet, nur um Marlene Dietrich nicht zu verlieren. Wer in seinem Leben noch nie «Kikeriki!» gerufen hat, werfe den ersten Stein.

122 Man darf nicht handeln und reden als Kind seiner Eltern, das heißt einfach: ‹wie wir's übernommen haben›.
(N 11) (DK 74)

Ehrlich gesagt kann ich die Sorge Heraklits nicht verstehen. Wenn es etwas gibt, was unsere Kinder auf keinen

Fall wollen, dann uns nachahmen. Kann sein, daß sie später ihre Meinung ändern, aber fürs erste dürfen wir ruhig schlafen. Die 68er zum Beispiel wollen heute keine Revolution mehr machen. Sie sind verheiratet und haben nun selber Kinder. Außerdem bräuchten dreihunderttausend Revolutionäre wie sie, wenn sie zu einer Demonstration wollten, mindestens hundertfünfzigtausend Babysitter.

123 Leichname sind wertloser als Dünger.
(N 104) (DK 96)

Ich habe schon immer mit dem Gedanken gespielt, mich einäschern zu lassen. Den Himmel zur letzten Wohnstatt zu wählen, ist bestimmt keine schlechte Idee. Wenn die Verwandten mich besuchen wollten, müßten sie nicht auf den Friedhof gehen, sondern bräuchten nur empor zu sehen.

124 Hunde bellen jeden an, den sie nicht kennen.
(N 111) (DK 97)

Und gewisse Literaturkritiker verreißen Bücher, die sie nie gelesen haben.

125 Der Dike [das heißt des Rechtes] Name wäre unbekannt, wenn dies [das Unrecht?] nicht wäre.
(N 68) (DK 23)

Dies ist nicht gesagt. Auch wenn in Italien keine Verbrechen mehr begangen würden, würde das Justizministerium trotzdem weiter bestehen, damit alle dort Beschäftigten weiter ihr Gehalt bekämen.

126 Für das Gesetz soll das Volk kämpfen wie für seine Mauer.
(N 121) (DK 44)

Als Kriton Sokrates vorschlägt, aus dem Gefängnis zu fliehen (nachdem er schon alle Wächter mit Geld bestochen hat), lehnt dies der Philosoph ab.

«Wenn ich aus dem Gefängnis fliehe», sagt er, «und den Gesetzen von Athen begegne, und wenn diese mich fragen, wohin ich gehe, was soll ich ihnen dann antworten?»

«Aber die Gesetze haben dich doch verurteilt», erwidert Kriton. «Sie waren ungerecht!»

«Nein, o Kriton», beharrt Sokrates. «Die Gesetze sind die Gesetze, sie sind weder gerecht noch ungerecht; sie müssen immer beachtet werden, auch wenn sie sich irren!» (Platon, *Kriton*, 50 a)

127 Ich erforsche mich selbst.
(N 18) (DK 101)

Dies würde ich auch mal gern tun, habe aber bis jetzt noch keinen Termin bekommen.

128 Der Seele ist Vernunft eigen, die sich selbst mehrt.
(N 15) (DK 115)

Ich habe schon immer geglaubt, daß man nur ein bißchen intelligent zu sein braucht, um immer intelligenter zu werden oder dies wenigstens den andern vorzugaukeln.

129 Alle stimmen darin überein, daß der Himmel erschaffen worden ist: Für die einen aber ist er ewig, für die anderen vergänglich wie jeder andere Gegenstand rings umher. Wieder andere hingegen, darunter Heraklit von Ephesos und Empedokles von Agrigent, behaupten, daß er abwechselnd neu entsteht und wieder vergeht.
Aristoteles *De caelo*, 279 b 12–17

Obwohl der Big Bang, die Theorie des Urknalls, im großen und ganzen von allen Astrophysikern angenommen wird, möchte keiner ausschließen, daß es vor unserem Universum ein anderes und davor noch ein anderes gegeben hat und daß in der Zukunft alles in einem gewaltigen Big Crunch implodieren wird, um anschließend wieder neu zu explodieren und immer so weiter bis in alle Ewigkeit. Ebensowenig läßt sich ausschließen, daß sich unser Universum im Innern eines anderen Universums befindet, das seinerseits wiederum von einem anderen Universum umgeben ist – wie eine russische Puppe. Riesengroß wie ein Wolkenkratzer oder winzig wie eine Mücke könnte man in einem solchen Universum wiedergeboren werden. Diese Vorstellung, in einer künftigen Vorgeschichte nackt wie ein Wurm wiedergeboren zu werden, erschreckt mich ganz schön. Nur mit einer Keule ausgerüstet, gegen einen Brontosaurier kämpfen zu müssen, kann mich nun wirklich nicht begeistern. Entweder ich komme so wieder auf die Welt, wie ich heute bin, gesund, frei und wohlhabend, mit Auto und Klimaanlage, oder ich mache einfach nicht mehr mit.

Luciano De Crescenzo
MEINE TRAVIATA
176 Seiten. Ln.

«Eine wunderbare Erzählung. Luciano De Crescenzo hat die seltene Gabe, sich direkt ins Herz seiner Leser zu schreiben.»

Federico Fellini
über die bewegende Geschichte der Kameliendame,
die Italiens Bestseller-Autor völlig neu erzählt hat.

«Ein rührendes, komisches, zauberhaftes Buch.»

SonntagsBLICK, Zürich

Albrecht Knaus Verlag